Romy Glaser (Hrsg.)

Heinrich Albert Ellner
Ungereimtes, gereimt.

Als rustikaler Freigeist aus der Rheineifel DER authentisch-radikale „von-sich-Erzähler" und poetisch grobe Haudrauf, geht es um gesellschaftskritische Themen.

Feingrobe Poesie zu meinem Selbst und zum... Rest der Welt.

Band 1

Eine erste Auswahl aus aktuell 3.350 Gedichten (Stand 21.11.16). Zusammengestellt aus aktuelleren, authentisch-unmittelbar selbstbezogenen oder gesellschaftskritisch satirisch-frechen, dann wieder nachdenklich-elegischen Reimwerken.

Vorwort

Liebe Leser, lassen Sie uns keine Zeit verlieren mit Gender-Manieren, sondern gleich zur Sache kommen.

Wir haben hier aktuellere Gedichte eines dynamisch-jungen Geistes in alter Hülle, der – obwohl Autodidakt – jedoch in der Art unver-bildet authentisch:

1. in seinen poetischen Ergüssen sich selbst nicht schont und uns in bewundernswerter Offenheit unmittelbar teilhaben lässt an der Aufarbeitung von „negativen seelischen Befindlichkeiten", wie er es nennt.

2. Der aber auch seine Umwelt kritisch betrachtet und sich Personen des öffentlichen Lebens und das Zeitgeschehen, u. ä. vornimmt, um sie in seinen – „Reimwerke" genannten Gedichten - in der ihm eigenen, unorthodoxen Verdichtungsart - doch vielleicht gerade deshalb in ausdrucksstarken Versen - ihn berührende Dinge des Lebens betreffend, anzugehen und oft genug satirisch-kritisch bis sarkastisch-böse in seinen Gedichten auf den Leser loszulassen.

Wir dürfen schlicht und ergreifend neugierig bleiben, was Heinrich Albert Ellner - auch für uns selber zur Anregung und zum Nachdenken! - weiter bieten wird.
Und obwohl er von sich selbst sagt, dass er bisher lediglich in grober Sprache Ungereimtes gereimt aufs Papier bringe, nehmen wir ihn in seiner weiteren Aussage ernst, nämlich, dass er doch immer noch auf dem schöngeistigen Wege sei, ein „Rilke" zu werden.

Aber, liebe Leser, seien wir egoistisch:

Bleib' er uns noch lange in seiner jetzigen, respektlos-frechen Art der feingroben Lyrik erhalten, oder?

In diesem Sinne: Lassen Sie uns auch weiter Freude am „robusten Eigensinn" dieses Dichters haben und freuen wir uns auf alles, was noch sein wird!

Viel Spaß beim Lesen!

Ihre

Romy Glaser

Alle Gedichte/Foto(s)sind mit freundlicher Genehmigung von Heinrich Albert Ellner veröffentlicht. Auszüge, auch nur teilweise, bedürfen der Zustimmung des Autors

Dank sagen möchte ich auch Frau Rebecca Profft für Ihr liebevolles Lektorat und die vielen schönen Gespräche!

Inhaltsverzeichnis

Inhaltsverzeichnis 8

Heinrich Albert Ellner 11

Der Autor 11

Wie? Duschen? Heute auch schon... wieder? 13

Etwas ist in meinem Geist 15

Uralte und neuere Vorurteile gegen LehrerInnen abbauen? - 17

Jetzt ist die Gelegenheit dazu! 17

Romantik? Romantik! 19

Zu-, Ein- oder Unter-Wanderung? Oder: Visionen zur Wahl 2017, ... 21

Frei nach Herbert Wehner, selig 21

Wladimir E., Mitglied einer „osteuropäischen Verbrecherbande", schreibt einen offenen Brief (gereimt) an den amtierenden deutschen Bundesjustizminister* 25

Massen-Elend: Täglich Brot der Medien? 28

Die Bürgschaft als Würgschaft 30

Auf dem Weg nach links? - 1. Ein trockenes Genie" 35

Auf dem Weg nach links? – 2. Und dann immer noch einen Steinbruch für Faulbequeme fordern? 39

Ich scheiße auf fremde Meinung: 43

Ich bin...??? 44

Heinz im Glück? Na, ich weiß nicht! 47

Heinz im Glück, zum Xten? 50

Ein Hoch auf meine Wunderpsyche! 53

Gedicht vom authentischen Sein. 55

Gut, dass es heut' DICLO gibt? 56

Kampf den alten Säcken und Säckinnen - 1 – 57

Im eigenen Weinberg bestimme ICH, basta! 60

Ein Denker muss Wollen... dürfen! 62

Ein Denker MUSS gar nichts müssen. 63

Brexit? Brexit! * 66

Attentäterarschloch-Zeit, zum 69

   1. Attentäter von links außen 69

   2. Attentäter von rechts außen 71

Attentäterarschloch-Zeit, zum II 73

   2. Religiöser Wahn, reloaded 73

Attentäterarschloch-Zeit II 4. Attentat auf eine Abgeordnete 80

Attentäterarschloch-Zeit II 82

   5. Abschlussgedicht feinherb, im Abgang vollmundig* 82

Apokalyptische Visionen 85

Alles ist für Alles gut 87

Lernen 91

08.07.16 - Zwei Uhr und schnell zum Computer. Gestartet 02:05 Uhr 95

„Eigensinn macht Spaß!"
[Hermann Hesse]

Heinrich Albert Ellner
Der Autor

Biographisches in Form eines kurzen Lebensverlaufes:

Geboren am 25.12.1945 in Andernach als Heinrich Albert Fuchs. Durch Heirat der Mutter dann qua Adoption zum Familiennamen „Ellner" gekommen. Volksschule 1952-60. Dazwischen im Dez. 1958 Unfall mit Handverlust rechts, während der Kinderarbeit auf einem Bauernhof. Nach meiner Eigenschaft als Bankert war das dann DIE seelische Krönung für einen beschissenen Lebensweg. Handelsschule 1960 bis 1962 mit Abschluss; Berufsausbildung zum „Industriekaufmann" mit Abschluss „Kaufmannsgehilfenbrief". Im Anschluss abhängig beschäftigt als Angestellter bis ca. 1973. Kurze Auszeit als Selbständiger, dann arbeitslos. Von 1975 – Dez. 05 als Verwaltungsangestellter in der Familienkasse der Agentur für Arbeit tätig. Ab 01.01.06 Rentner.
Dies zur Körperlichkeit.

(Schön-)Geistig:
Abschalten des phantasievollen Denkens ab dem Verlust meiner rechten Hand, insbesondere jedoch zu Beginn des nunmehr verordneten Lebensweges als Angestellter, denn als „Behinderter" könnte ich froh sein, überhaupt ein Auskommen zu finden, meinte

meine Mutter. Erstes Komplex vergessendes Saufen in 1962. Jahrzehnte dann „dahingelebt". Suff in 1990 aufgegeben. Ab da in der Kindheit angelegte mentale und emotionale Defizite untersucht und bearbeitet. Jahre geistig auf der inneren Suche nach dem „eigenen ICH" verbracht. 2004 ein erstes Gedicht...
Nun hatte ich so was wie ein „Ventil", in meinen Gedichten wiedererkannte bzw. wiederentdeckte Befindlichkeiten, die – unerledigt! - immer wieder in Masse „hochkamen", gereimt abzuhandeln.
Heute danke ich:
1. MIR... schon mal für die doch noch entdeckte innere Stärke, den Suff bzw. Süchte aufzugeben...
2. ab 1995 meinem seelisch-moralischen Eichmaß Elke L., die mein „inneres Kind" geduldig auf dem Boden der Eindeutigkeit hält, und die bei Bedarf beileibe den verbalen Diskurs nicht scheut, so, dass über die Jahre - qua jeweils logischer Begründung - die echte Einsicht über/zu humanem Denken in meine ambivalente Seele einkehrt.

Doch die in der Kindheit in der dörflichen Gosse angelernten groben Grundzüge und das im späterem lasterhaften Lebensweg gepflegte Verhalten ist heute ein Pfund, mit dem sich lyrisch wuchern lässt, im Geist noch bei Bedarf abrufbar, um in emotionsgeladen rustikal bis radikale Verse gebracht zu werden, authentisch wie sau.
Aber: Seelentechnisch gehört das alles nicht mehr zu meinem Sosein als Mensch.

Mayen, November 2016

gez. *Heinrich Albert Ellner*

Wie? Duschen? Heute auch schon... wieder?

**Ich gehöre zu den Luschen,
Die da ungern baden, duschen;
Machen sich nicht gerne nass,
Sage ich mal, kaum aus Spaß.**
...
Wie wir Wasser glatt verschwenden,
Um zu wässern Kopf bis Lenden,
Eingeseift auch das Gebein!
Wer gut duftet, fühlt sich... rein?
???
Da gibt's welche, die sich stündlich
Duschen, hörte ich schon, mündlich.
Wer sich zwangsduscht ist bekloppt!
Nur `ne Therapie das stoppt.
..
Täglich sei's ja schon entbehrlich,
Sogar für die Haut gefährlich!
Zuviel Sauberkeit mach' krank:
Keime freu'n sich, uns sei Dank:
...
Ist nicht nötig, hätt' kaum Nutzen
Sich zu schrubben, Haut abnutzen!
Früher gab's das Spaßbad pur,
Samstags, pünktlich, nach der Uhr.
...
Einmal wöchentlich, war's üblich!
...Für die Kinder nur betrüblich:
Neues Wasser gab es nicht,
Schon dem Zweiten fehlt' die Sicht...
...

Eines muss man heute loben:
Auch der Segen kommt von oben,
Als schön temperiertes Nass!
Fein geperlt macht's noch mehr Spaß.

...

Aus dem Hahn dann in die Brause!
Heissa, ist das eine Sause...
Mancher gönn' - statt Reinigung -
Sich' 'ne heiße Peinigung!

...

Und ob mit, ob ohne, Gender:
Viele seien ja Verschwender;
Spürten dann am Wassergeld,
Wie die Stadt die Hand aufhält!

...

So ist das Gedicht vom Duschen,
Nicht nur für die Bade-Luschen
Gut geeignet, zu versteh'n,
Wie wir mit uns selbst umgeh'n.

...

Für mich ist das nicht unsäglich:
Dusch - in aller Regel - täglich...
Doch Ausnahmen steh'n schon fest.
Denken sie sich jetzt den... Rest![1]

---

[1] Nr. 04 für Juni 2016 aus insgesamt 3.256 Gedichten/Wortschöpfungen ab März 2004 - Kreativkernzeit 08.06.16 ca. 08:00 – 09:10 Uhr -
© Heinz-Albert (Heinrich) Ellner – D56727 (Nutzung evtl. o. a. Verlinkungsangebote auf eigenes Risiko ohne Haftung).

Etwas ist in meinem Geist

Das sagt: „Du musst größer denken"...
??? Was das aber zurzeit heißt,
Weiß ich nicht dahin zu lenken,
Wo's gebraucht wird, in dem Hirn.
???
Was heißt „größer"??? Denk' ja schon
Konstruktiver, als vor Tagen...
Erdogan, mein letzter Lohn
Alten Denkens - will ich sagen -
Schloss ja ab, die Politik...
...
Doch!...Da ist was!... `S geht voran,
In die Richtung *Selbstdarstellung*!:
Am YOUTUBE-Ding bin ich dran?
Jetzt kommt so was wie Erhellung...
Doch Struktur seh' ich noch nicht...
!!!
Hab' Equipment noch und noch:
Kameras, Beleuchtung, alles!
Trotzdem bin ich tief im „Loch"???
Seh' im Geist nur *Bruch & Dalles!*
Vieles liegt rum, als Idee...
???
Phantasieren will das Hirn?
Ach, mein Kind* will lieber spielen?
Aber hinter dieser Stirn
Muss – zu den Gedanken, vielen -
Endlich Ordnung rein, sonst kracht's...
???

ICH fang an, denn meistens nachts
Labert ES – gereimt – nur dumm
An der Sache vorbei, rum!
Setz' mich selbst, im Lauf' des Tages,
Hin und ordne das! ICH sag' es...
???
Als mein Über-ICH. Das Kind*
Ist dafür da, dass es spinnt...
„??? Darf ich's, auch am Tage?"
„Schnauze! Keine Frage!
Klappe zu und Affe tot!
???
Heut' nicht bis zum Morgenrot!
Ab in's Bett sonst Reimverbot..."
Enlich mal ein klares Wort,
Gleich verstanden! WIR sind fort ...[2]

---

[2] Nr. 07 für Juni 2016 aus insgesamt 3.259 Gedichten/Wortschöpfungen ab März 2004 - Kreativkernzeit 09.06.16 ca. 00:40 – 01:10 Uhr -
© Heinz-Albert (Heinrich) Ellner – D56727 (Nutzung evtl. o. a. Verlinkungsangebote auf eigenes Risiko ohne Haftung).

Uralte und neuere Vorurteile gegen LehrerInnen abbauen? -
Jetzt ist die Gelegenheit dazu!
- Es muss mal wieder sein: Mein LYROGRAMM* (Auch hier ausnahmsweise doch Kommata nutzend) -

In alter Manier untersuch' ich Probleme!
So seh' ich mich grade von Bösem* geleitet,
Denn für eig'nen Geiz* ich mich plötzlich doch ‚schäme',
Weil Großzügigkeit mich seit Langem begleitet,
Mich dann doch an Dritten zu messen?
Schnell will ich das wieder vergessen!
!!!

Es fuhr sich was Ungutes fest, tief im Geiste:
Dass knickrige Lehrer sich gerne verschafften,
Den Kleinvorteil, gäb's was umsonst! Und das Meiste
Kommt aus der Beobachtung, dass manche rafften,
Die Kanapees, auf Vernissagen!
Sind das meine inneren „Ragen"?
...

Wahrscheinlicht geht's tiefer? Denn aus Kinderzeiten
Gehört dazu doch auch was Altes, Diffuses!
??? Im *Hinterkopf* hör' ich die Eltern noch streiten:
„Schon wieder ein Zuschuss? Das ist was Abstruses:
DIE hatten noch nie unsre Sorgen!
Wie viel brauchst Du wieder, für morgen?"
...

Doch lernte ich über die letzten paar Jahre
LehrerInnen kennen, da ist es mir schnuppe,
Wären sie denn sparsam und liebten das Bare:
Dem „inneren Kind" spuckt nicht mehr in die Suppe,
Das Vorurteil! Ich will SIE benchen
An Fakten: Auch Lehrer sind... Menschen.
...

Nun gut, all den Scheiß will ich gerne vergessen:
Ich wollte nie „Gierschlund" sein! Hab' gern gegeben...
Solange ich klarkomm', sind meine Int'ressen:
Wenn's Spaß macht, gehört auch das Geben zum Leben.
Geiz soll meinen Geist niemals lähmen,
Denn: „Geben mach' selig, nicht: nehmen!"

???
Das werde ich wohl, unter Fluchen,
Ob das auch so stimmt, untersuchen...
Von „Alten" musste ich's ja lernen
Die nahmen, um sich zu entfernen...
Mein Lohn stand dann stets in den Sternen...
...
Dies' Pack hab ich immer im Rasta.
Da kommt bestimmt noch was. Jetzt Basta![3]

* *LYROGRAMM - meine literarische Erfindung aus „LYRik und psychOGRAMM" – um negative Seelen-„Zustände" abzuarbeiten.*
** Wachgeworden, weil erkannt, in einer larmoyanten EMail an eine Lehrerin u. U. doch meine „Großzügigkeit" irgendwie bescheuert ins Spiel gebracht zu haben, obwohl ich ja vorher betonte, gerne „in der gemeinsamen Sache" auch mal zu experimentieren. Das gab mir sogar bis in den Schlaf zu Denken. Und: Dank der „Erziehung zur Eindeutigkeit" durch meine Liebste, offenbar auch den „Pferdefuß" zeitnah erkannt: Da war noch was anderes, das „bearbeitet" gehörte. Jetzt erst werde ich DIESE unguten (Vor-)Urteile und Vergleiche endlich aus dem Kopf haben. Basta.

---

[3] Nr. 17 für April 2016 aus insgesamt 3.229 Gedichten/Wortschöpfungen ab März 2004; Kreativkernzeit 27.04.16 ca. 03:30 – 04:10 Uhr-
© Heinz-Albert (Heinrich) Ellner – D56727 Mayen -

Publikationen bisher nur in wenigen Anthologien und als Internetpräsenz unter (Achtung: Seit Juli 2012 nicht mehr aktualisierbar, sonst sind alle Seiten weg). Nutzung evtl. o. a. Verlinkungsangebote auf eigenes Risiko ohne Haftung.

Romantik? Romantik!

Nun, zurzeit geht's um Romantik,
Kurz erwähnt, letzt, von Frau S.
Sei grad heute nicht sooo antik!
Wär' so was wie Antistress...
...

Dies' hab' daraus verstanden,
Nach diesem Gedicht vom Mond*...
Dass ich mir dem Schluss zuschanden
Ritt, durch Sachlichkeit? Es lohnt?
???

Ja, es lohnt sich, nachzudenken
Zu dem, WIE sie mir das sagt!
Denn, ohne mich zu verrenken,
Möcht' ich so sein, oft beklagt:
...

Sanft, statt sachlich, in den Reimen,
Wo das Raue ich gern lob'!
Neues Schwärmen sollte keimen:
Wär' gern *Rilke*, statt „nur grob".
...

Und so suche ich stets weiter,
Denn von einst muss da was sein,
Als *das inn're Kind* *war, heiter:
In der Suffzeit nur *gemein*!
!!!

Danach wieder auf dem Wege,
Zu dem „*guten Kind"*, zurück:
Seelenarbeit, manchmal schräge,
Fand *es* wieder, mir, zum Glück.
...

Ja, so will ich weiter trachten
Nach Romantik, da in mir!
Jedes Fünkchen auch beachten,
Das drauf hinweist, um die Zier
???
DER Gefühle früher Jahre
- Wie bei meinem Reimtalent –
Aufzuspüren, als das Wahre,
Das zu finden, ist, am End'...

...
Ich bin auf dem Wege,
Geistig, seelisch rege.
Rilke wär' mein Lasta?
Ja! Und damit basta.[4]

* Nr. 3.241 „guter Mond, Du..."
** „Das innere Kind" s. Wikipedia u. a.

---

[4]Nr. 01 für Juli 2016 aus insgesamt 3.280 Gedichten/Wortschöpfungen ab März 2004 - Kreativkernzeit 01.07.16 ca. 13:10 – 13:55 Uhr -
© Heinz-Albert (Heinrich) Ellner – D56727 (Nutzung evtl. o. a. Verlinkungsangebote auf eigenes Risiko ohne Haftung).

Zu-, Ein- oder Unter-Wanderung?
Oder: Visionen zur Wahl 2017,
Frei nach Herbert Wehner, selig.

Vorwort: Lt. ONLINE-Bericht hätten Künstler etwas Schizophrenes!
Ich war beim Arzt, der auch mein Haupt-Dr.-Fan ist und wollte wissen, ob ich nicht auch wenigstens etwas Beklopptes hätte. „Okay,", meinte er, wenn ich denn unbedingt wollte, sei ich als Dichter und Künstler gesellschaftlich vertretbar verrückt, ganz, wie es sich gehörte, für einen begnadeten Wortkünstler! Was will man mir hier also?

???

Wie, ich soll es einfach lassen,
Reimlich zu politisieren?
Ja, sonst würde „man" mich hassen,
Und die dann mobilisieren,
Die ich als „Gutmensch" beschimpfte!

???

Scheiß! Hat Heine aufgegeben?
War Tucholsky eine Lusche?
Mein Gewissen ist mein Leben,
Und da gibt es kein Gepfusche:
Ich schreib Meinung, gegen Strömung...

...

Deutschland schafft sich ab? Das alte,
Man's als Abendland bezeichnet!
Denn schon Demirel der Kalte
Sagte Kanzler Schmidt, bezeichnend:
„Ich schick Dir Millionen Türken..."

...

„HE! Das sind arme Muslime!"
Meinen tumbe grüne Affen?
„Wollen hier nur fleißig schaffen!"
Scheiß, das ist doch die Maxime:
Die roll'n uns von innen auf!!!
...
So war's einst, schneller geht's heute:
Dieses Abendland geht unter:
Claudia* und ihre Leute
Machten Deutschland kunterbunter?
??? Quatsch: Mehr halbmondförmig-rund!
...
Ich sag' weiter, unverhohlen:
„Gutmensch, bleib mir doch gestohlen...
Denn, seid ihr mal nicht mehr nützlich,
Heißt 's im Kalifat dann plötzlich:
Konvertieren oder Tod."

~~~

Gespeichert am 10.09.2010, 18:41 Uhr
Cirka-Kreativzeit in dem o.a. Teil 40 Min.

~~~

Das war'n einst meine Gedanken!
Sind zwar heut' nicht mehr sooo krude,
Aber trotzdem: Diesem kranken
ERDOGAN noch unsre Bude
Aufzumachen, für Millionen,
???

Kann sich nur für'n Islam lohnen!
Und die grünen Blendgranaten
Claudia & Co., schau'n heiter
Bei Berlins Amts-Attentaten!
Maulwurfs** Angie macht dann weiter?

~~~
Schau'n wir mal, was daraus wird,
Ob sich Deutschland - neu - verirrt!
Geht wieder auf's Schmierseif'-Pflasta:
Links lockt Putin, rechts, verpasst da
Uns ein Führer wirres Denken?
???
Ist egal, wohin wir rutschen:
WIR sind die, die SIE auslutschen…
Denn in jedem Straßengraben,
Fräßen Geier, uns, und Raben…
Also Deutschland: WIE wählst du?
???
Hält das Kapital uns dumpf…
Schlittern wir weiter zum Sumpf!
Ist ja neues deutsches Streben!
Hauptsach' erst mal: Überleben!
…Ohne Englands Tutti Frutti
???
Bleibt's, als „NSA mit Mutti"?
So regier'n sie aus der Mitte,
Resteuropa im Beritte?
Rausgeholt wieder paar Jahre?
JA! Die GroKo sei das Wahre,
^???
Ohne Führer, linke Raben!
Gut, dass wir'n Erzengel haben?
He! P(l)atzt der denn nicht, auf Dauer?:
Kanzlerin sei – noch! -… Herr Sauer?**
„…Auf der Mauer auf der Lauer
???

Liegt die fette Wanze...
Seht euch mal die Wanze an,
Wie der Sigmar wanzen kann."
Doch es wächst die Zuversicht:
Vize? Noch! Doch... Kanzler? Nicht![5]

---

* Claudia Roth = von mir bezeichnet mal als „Grüne Tusse",
„Bunte Husse", u. a. m.
**Ehegatte Sauer als Maulwurf gemeint, als Angie-Flüsterer,
und u. U. in anderen Funktionen?

---

[5] Nr. 12 für Juli 2016 aus insgesamt 3.291 Gedich-
ten/Wortschöpfungen ab März 2004 – Kreativkernzeit 12.07.16, ca.
14:35 – 15:00 Uhr; Gesamtzeit mithin ca. 65 Minuten -
© Heinz-Albert (Heinrich) Ellner – D56727 Mayen

Wladimir E., Mitglied einer „osteuropäischen Verbrecherbande", schreibt einen offenen Brief (gereimt) an den amtierenden deutschen Bundesjustizminister*

„Hallo, Herr Minister Maas,

**Uns - vom Einbruch-Fachgewerbe -
Macht die Arbeit keinen Spaß!
Und deshalb, ich, hier mal werbe
Dafür, dass die Hausbesitzer,
Polizei, Hund, Fotoblitzer
Nicht einsetzen, uns zu jagen!**
...
Ich vertrete die Kollegen
Mit, vorsorglich, ungefragt.
Denn wir sind doch fast ein Segen
Für die Wirtschaft, die beklagt
„Umsatz, Umsatz!", den wir schaffen!:
Wir stehlen, was andre raffen!
...
Man nennt ja auch recht verächtlich
Uns, Verbrecher?! Unverschämt!
Es ist harte Arbeit, nächtlich!
Anerkennung? Null! Das grämt...
Wir, die wack'ren *Fensterheber,*
Sind doch da auch Arbeitgeber?!
...
Denn ich frag' Sie mal ganz locker:
Hat nicht jeder was davon?
... Haut's *Klienten* auch vom Hocker,
Erst einmal, wenn wir den Lohn
Ihrer Arbeit plötzlich stehlen,
Lässt sich eins doch nicht verhehlen?:
...

- Kaum uns'ren *Besuch* verwunden,
Wird die Liste aufgestellt:
Eingetragen – unumwunden -
Wird viel mehr, als das, was fehlt!
Die durch uns *verarmten* Leute
Machen jetzt - als Zweite! – Beute!

...

- Dann: Die Fenster-, Türen-Innung
Freut sich doch, wird sie gebraucht
Durch die Kunden-Neugewinnung?!
- Auch der Schornstein kräftig raucht
Bei Glasern und Juwelieren!
Der Ersatz lässt *die* nicht frieren.

...

- Last, doch but not least: In Qualen
Liegt nur die Versicherung.
Die muss schließlich all das zahlen,
Was, durch Einbruch – plus Rundung! -
Sich an unsrer *Wirkungsstätte*
Als Summe ergeben hätte..

...

Aber, dass Versicherungen
Nichts verdienten, ist ein Spaß,
Nicht besonders gut gelungen!
Denn dies bodenlose Fass
Lutscht dann wieder seine *Kunden*
Kräftig aus, auch unumwunden!

...

Nun denn, lieber Herr Minister
Dieser deutschen Volks-Justiz:
Seh'n wir uns? Denn dann vergisst'er
- Bei `nem Schnäpschen auf dem Kietz -
Dass der Mensch in dem Verbrecher
Leben muss. Und: Mancher Rächer
???

Ist ein Gauner, selbst, im stillen:

Trickst beim Fiskus, und bescheißt;
Kommt zu Porsche, Yacht und Villen
Auch, weil er den Nächsten reißt
- Durch Betrug in weißem Kragen -
In den Abgrund! Jetzt noch... Fragen?
...
**Also Herr Minister Maas:
Dann, bis dann. Ich denk: Das war's...
...Freundliche und liebe Grüße
Auch an Ihre neue süße
Freundin. Ich hätt' – wirklich sche'! -
Für sie noch ein... Mords-...Collier!
???**
*Vorschlag: Auf dem Kietz,
Bei `nem Humpen Fiez
Übergabe, still???
Schreib er nur: Ich will!!...*
...
**Schluss nun, der gereimten Rede:
Es verbleibt:
Ihr Meister Ede
- Anerkannt durchs Hebelwirken
In so manchen Ziel-Bezirken -** [6]

---

* *Nach „Modern rhyming" als Grundmuster (da schon „irgendwie" ausgelöst bei/nach der EMAIL an den Reclam-Verlag" und durch die freundliche Antwort motiviert, ist meine Kreativität plötzlich wieder aktiviert, aber anders? Das wäre jetzt eine weitere Idee: Wie wäre es, im Stil dieser „offenen Briefe" überhaupt durch „Offener Brief an......" nicht nur weiter Verbrechens-Arten satirisch ähnlich zu „würdigen", sondern auch zig andere Themen???*

---

[6] Nr. 13 für Mai 2016 aus insgesamt 3.244 Gedichten/Wortschöpfungen ab März 2004; Kreativkernzeit 25.05.16 ca. 07:45 – 10:15 Uhr
© Heinz-Albert (Heinrich) Ellner – D56727 – Nutzung evtl. o. a. Verlinkungsangebote auf eigenes Risiko ohne Haftung.

Massen-Elend: Täglich Brot der Medien?

Fernseh'n hat sich schräg gewandelt,
Ich schau kaum noch in die Glotze.
Nachrichten **sind so verschandelt,**
Dass es klingt wie Hingerotze...
...
Sah man vorher ständig *Gender*,
Lästig zwar, doch – nur? - zum Kotzen,
Kam danach auf jedem Sender
Flüchtlingselend, in den Glotzen...
...
Tragisch, Bilder von den Booten,
Voll mit Menschen, die entsagten...
Aber dann auch von den Toten,
Die verloren, weil Sie's wagten...
...
„15" war das Jahr der Fluchten.
Nach Europa flohen Massen,
Die ihr Heil bei „Merkel" suchten:
Deutschland, Land der vollen Kassen...
...
Dann kam man auf Zaunes Hürde.
Auch das sah man in der *Gucke:*
Auffanglager ohne Würde!
Wem verschlug das nicht die Spucke?
...
Kurz in 16, gibt's schon neue
Sensationen in den Kästen:
Flüchtlinge sind out! Man *freue*
Über Regen sich, im Westen...
...
Fluten oben! Flut in Bayern:
Doch da starb man. Zu den Bildern

Lässt man Hilfs-Reporter eiern,
Sie die Wassermassen schildern...
...
Welchem Zweck soll Chaos dienen,
Voyeuristisch aufgenommen?
Wiederholungs-Medien mimen
Mitgefühl, die ach so Frommen?
...
Unglücke sind Sensationen,
Die es dreist gilt auszunutzen?
Emotion in den Neuronen
Bringt – als Zaster! - höchsten Nutzen.
...
Mitleid ist ja Menschen eigen!
Aber durch ein Bild, das schiefe,
Von *nur Elend,* wird sich zeigen:
Das geballte... Depressive
???
Schlägt bald um in's negative
Mitleidlose Aggressive!
Wehe, solcher Kollektive![7]

---

[7] Nr. 14 für Juni 2016 aus insgesamt 3.266 Gedichten/Wortschöpfungen ab März 2004 - Kreativkernzeit 16.06.16 ca. 03:35 . 05:00 Uhr-
© Heinz-Albert (Heinrich) Ellner – D56727 (Nutzung evtl. o. a. Verlinkungsangebote auf eigenes Risiko ohne Haftung).

Die Bürgschaft als Würgschaft

Schillers dramatisch überhöhte Ballade über Freundschaft und Treue, von mir im Sinn grob missbraucht, so auf „griechische Verhältnisse der Jetztzeit adaptiert, solange dieses Thema noch einigermaßen aktuell ist.
Sollte sich jemand aus der Szene zufällig auch an der „Bürgschaft" vergriffen haben. Was soll's. Ich bin sowieso besser. Basta.

Vorwort:
Ich selbst bin - als Dichter -
Wohl eher von schlichter
Art, Stories zu reimen,
Die plötzlich da keimen
Im noch jungen Geiste.
Doch etwas das leiste
Ich mir, an der Stelle:
Es fiel derart helle
Mir ein, auf die Schnelle,
Dass ich alter Simpel -
„Die Bürgschaft" mal pimp, gell,
Auf „heute" gebürstet:
Wonach mich's gleich dürstet'.
...So hör' denn, o staunendes Volk:

~~~

Zu Tsipras, dem griechischen Linken, schlich,
Als ihn die Helenen gewählet,
Varoufakis, der fürchterlich quälet:
„Allein das macht mich schon zum Wüterich:
Wir wollen der Gläubiger Troika nich',
Die Bänker, die werd'n sich noch freuen.
Da haben wir nichts zu bereuen."

...

„Ich bin", spricht jener, „...zu täuschen bereit!
Wir betteln nicht um unser Leben.
So werden wir Brüssel das geben
- Weil wir ja betrügen schon seit langer Zeit,
Und diese scheiß Schulden sind wir einfach leid! -
An dem die mal kurze Zeit würgen,
Bis, schlussendlich, sie dann doch bürgen."
...
So sprach denn Herr Tsipras mit griechischer List,
Doch Yanis gibt gleich zu bedenken:
„Uns nur ein paar Tage zu schenken,
Das reicht nicht, wir brauchen paar Monate Frist.
Wenn Du hierbei auch meiner Meinung jetzt bist,
Dann werden wir die zappeln lassen,
So lang, bis sie selber erblassen!
...
Will schließlich nicht auch den geliehenen Zaster,
- Der durch unser locker und lustiges Leben,
Als Mittelmeer-Usus halt eben,
Verjuxt sei, verzockt, schön verprasst, da,
- Bei uns wär's ja ständiges Laster! -
Zurück, die raffgierige Bande
Von uns armen Griechen? `Ne Schande!"
???
Ja, das gefiel gleich dem politischen Freund.
Und schon eilt glückselig von dannen,
Der Yanis, die Deutschen zu bannen.
Denn es waren hiermit besonders gemeint
Frau Merkel, mit Deutschbänkern heftigst vereint...
...In Frankfurt sah man Jürgen Fitschen
Vor Wut – pfttt - Radiergummis flitschen.
~~~
Doch fiel ja nicht gleich neues Manna herab:
Zuerst sah man Hälse anschwellen
In Häme und Wut, wie in Wellen:
„Ach, immer ging Griechenland am Bettelstab!
Das reißt ganz Europa noch mal mit ins Grab,

Als Fass ohne Boden, verlogen!
Da wird - tiefer - man, reingezogen..."
...
Nur Merkel - das Kanzler - bleibt erst mal am Rand,
Und auf dies Desaster sie blicket:
„Scheiß, die hat der Teufel geschicket.
Ich habe zwar jetzt noch 'nen sicheren Stand,
Nur: Irrt dieses Thema da länger durchs Land,
Gereicht mir das nicht mehr zur Ehre,
Und bei der Wahl lauf ich ins Leere."
...
„Angie" IST Europa, und, plötzlich, sie fleht,
Die Hände zu Konrad im Himmel erhoben
„O hemmet der BILD-Zeitung störendes Toben.
Lasst, wegen mir, Wolfgang die schwarze Null, seht,
Wir melken das Volk schön, zurzeit, weil's ja geht...
Doch gebt mir gefälligst ein Zeichen,
Dass bald die Helenen erbleichen... Ommm!
...
Und während sich steigert der Rechts-Presse Wut,
Der Pöbel auch langsam schon störet,
Da... werden Gebete erhöret:
Der Yanis ist weg, und die Bänker, mit Mut
- Politisch gesichert, das tut dann doch gut -
Vergeben, neu, weit're Milliarden,
Jetzt ohne den blödelnden Barden...
...
Und, hielt diese himmlische Hilfe auch an?
Nein, Quertreiber ist Franz Josef Strauß, selig,
Macht den Erfolg von der „Mutti" gleich mehlig:
Wirft Flugblätter ab, soweit wie er kann:
"Kommet ihr Flüchtlinge, Kind, Frau und Mann
Zu uns nach Deutschland, ihr Menschen aus Syrjen",
Dass gleich verfliegt, „unsrer Angie Illyrjen"...
???

„Verdammt, was soll das denn?", ruft Angela bleich,
„Erst Griechen Milliarden gegeben?!
Ich habe doch auch nur ein Leben,
Und... langsam hab' ich jetzt genug von dem Seich:
Die Neuen zerstören mein ruhiges Reich:
Dann machen die Wähler die Flatter...
???Gut, Geld hat ja Schäuble, der Tatter...
???
...Doch Syriens allein, nicht: Des Balkans Verarmte
Die steh'n auch vor Wien –äh- vor unseren Grenzen?
Wie soll ich dann 2017 noch glänzen,
Wenn sich dieser Gott nicht noch meiner erbarmte?
Bestimmt war's der Strauß? Wildsau ausgeschamte!
Jetzt mach' ich mir doch mal die Mühe
Und sink' - nur vor Gott - auf die Knie... „
!!!
*Das war jetzt das Neueste aus unserm Dschland...*
*Auch, dass sich da „Rechte" erheben,*
*Aus Angst, dass ihr stinkfaules Leben*
*Nach Jahren der Trägheit, fast wie aus dem Stand,*
*Zu Ende geht, weil man sogar schon am Rand*
*Kriegt jetzt Konkurrenz, und's Malochen*
*Führ' fies auch in dumpf-morsche Knochen?*
*???*
*Denn auch ein Sozialstaat ja nichts mehr verschenkt,*
*Weil plötzlich - Hartz IV – würde sogar gesenkt?*
*??? Nun, das wär' Geschichte von morgen,*
*Da mach' ich mir heut' keine Sorgen...*

~~~

Wie's weitergeht, kann ja zurzeit niemand wissen,
Zwar würd' ich mich gern auf dies Thema noch stür-
zen...
Auf „hätte" und „wäre" sei aber geschissen,
Denn ich muss den Beitrag grad radikal kürzen:
So dank' ich Herrn Schiller posthum um Verständnis.
Bedauer' selbst, dass dies Gedicht hier zu End is'.
...

Es galt, mich gewaltig zu sputen.
So schnell vergeh'n halt 6 Minuten.

———

Ich danke ihnen".[8]

(War im Sommer 2015 als Poetry-Slam-Beitrag im „Koblenzer Reimstein" vorgesehen – Kam aber nicht mehr zum Einsatz,weil ich bereits in der ersten Runde ausschied, nach dem viel zu braven Gedicht Nr. 2.929 „Wenn ihr nicht werdet wie die Kinder"

———

[8] Nr. 08 für August 2015 aus insgesamt 3.043 Gedichten/Wortschöpfungen ab März 2004; Kreativkernzeit: 23.08.15 - ca. 11:10 – 13:30 Uhr –
© Heinz-Albert Ellner – D56727 Mayen –
Publikationen bisher nur in wenigen Anthologien und als Internetpräsenz, wie z. B. unter meiner Haupthomepage www.lyrikportal.de u. v. a. m. (Achtung: Alle Homepages seit Juli 2012 nicht mehr aktualisierbar, sonst sind sie weg). Nutzung evtl. o. a. - Verlinkungsangebote auf eigenes Risiko ohne Haftung bzw. Gewähr.

Auf dem Weg nach links? -
1. Ein trockenes Genie"

Lyrik der authentisch-groben Art: In der Anmutung links.gerührt – im Reim vollmundig trocken bis feinherb - im Abgang nachhaltig konstruktiv auf den Geist einwirkend - in Teilen effizient abführend " = Heute z.B. Reste von Geistesscheiß der NAZI-Ahnen.
- **Doch wieder ein LYROGRAMM geworden? -****

???
„Such' tief nach dem Gewäsch der Ahnen,
Die Dich im Hirn bedroh'n und mahnen!!!
... Spürst Du: DER Geistesscheiß kommt heiß
Als Wut hoch, Trauer, laut, mal leis´,
Wirst Du schnell frei, auf DEINE Weis'!
Basta."

~~~
So fiel's mir ein, in einem Schreiben
An *Sahra W.*, die herbe Schöne.
In dieser Email konnt', ich, bleiben
Gemäßigt, wählte brave Töne,
Obwohl mir doch die *äußerst LINKE*
- So reimt' ich oft - gewaltig stinke!
???
Natürlich sind mir da die Rechten
- Im nationalen tumben Wähnen -
Das schlechteste von allem Schlechten.
So wollte ich mich deshalb lehnen,
Mal, aus dem Fenster, zu erklären,
Dass Alt-Pamphlete scheisse wären...

...
In den Gedichten* – mit Getöse -
Griff an, *mein inn'res Kind - das freche!* -**
Nur das Bedrohliche, das Böse,
Das *heile Welt* zerstör'! Sich räche,
Heinzel, dafür, dass *SIE* schlecht wären,
Unheil - auf die Art - zu gebären.

...

Doch ist in mir dieses Affine,
Das mich veranlasst, nachzu-denken,
Warum ich mit solch' finst'rer Mine
MUSSTE Frau Wagenknecht be-denken,
Denn *Kommunisten* all, die fiesen,
Sie drohten, Freiheit, zu vermiesen.
...
Gibt's Müll noch aus den Nachkriegswirren
Im Kopf, von selbst indoktrinierten
Altnazi-Deutschen eines irren
Volkskörpers? Plus des infizierten
Denkens, dass uns're neuen Freunde
Seien - niemals im Leben! – Feinde?
...
Der Opa, der einst ja noch wähnte,
Er hätte *IHN* geseh'n, mal – 50! -
Auf einem Bahnsteig, und der dehnte
Fiktion, bis ich, schon halb-vernünftig,
Trotz eig'nen Suffs noch, hinterfragte,
Was mir der alte Schmonzes sagte?
???
Die Suffaufgabe war das Beste,
Was ich mir selber antat, 90...
Bis heute gibt es wohl noch Reste,
Die *Heinzel*, als *mein inn'rer Freund*,** sich
- Was wabert noch, an solch' Geschichten -
Schreibt von der Seele, in Gedichten.

So bin ich lang' dran, zu verstehen,
Wie Vor-Urteile sich ent-wickeln...
Hab manche dann bei mir gesehen
Und konnte sie – gereimt - ab-wickeln.
Es gibt wohl alte noch, in Ecken,
Doch neue muss ich auch entdecken...
...

Es zeigt sich in den letzten Jahren,

Dass - die Befriedungsokkupanten -
Zeigen ein ängstliches Gebaren,
Als hässliche Besatzungstanten:
Argwöhnen, dass das deutsche Mündel
Am Amerikanismus zündel'???
???
Es schien ja seinerzeit vonnöten
- Geh' ich mal aus, vom *Struwwelpeter* -
Den bösen Friederich zu töten,
Als NAZI-Deutschlands Kriegsgezeter;
Zumal schlimmster Vernichtungswille
Zu stoppen war, bis eintrat, Stille.
...
Dann war'n sie gute Hegemonen...
...Dass sie selbst anzettelten, Kriege,
Damit's sich's, später, sollte lohnen,
War uns egal... *Der Freiheit Wiege*
Wird, weil nur Macht dahinter steckt,
Nun, Deutschland, langsam doch suspekt?
???
Ich trau' zwar nicht dem Roten Zaren:
Wlad Putin, als der höchst Gekränkte...
Doch letztlich 's unsre *Freunde* waren,
Dass man ihn an die Mauer drängte!!!
Wer sagt, die *LINKEn* seien... *Bäh?*
...Bespitzelt nicht die... NSA?
???

Wie ich *den inn'ren Heinzel* seh',
Ist ihm ein *Freund* dann nicht OKAY,
Wenn der die Freundschaft dazu nutzt,
Dass ihm der *Freund* die Stiefel putzt,
Die er für SEINE Kriege nutzt?
???

Die letzte Frage, gar nicht plump:

Was kommt da schlimmer: Clinton? Trump?
Ich denke weiter drüber nach,
Ob steigt, des Dichters Ungemach!
Mein *innres Kind***, als Kritikaster
Legt dann schon an, sein Zeitgeist-Raster.
Basta. [9]

---

* Böse Gedichte unter www.lyrikportal.de, mit dem früheren geistigen Hintergrund: „Gespenst der Bedrohung durch den Kommunismus".
** „Das innere Kind" (s. WIKIPEDIA u. a.), seit Jahren schon (m)ein bevorzugtes mental-emotionales Hilfsmittel, seelische Befindlichkeiten im Gedicht abzuarbeiten, meist im LY-ROGRAMM, meine Erfindung/Wortschöpfung aus LYRik und psychOGRAMM

---

[9] Nr. 20 für Juni 2016 aus insgesamt 3.272 Gedichten/Wortschöpfungen ab März 2004 - Kreativkernzeit 22.06.16 ca. 17:20 – 19:10 Uhr -
© Heinz-Albert (Heinrich) Ellner – D56727 (Nutzung evtl. o. a. Verlinkungsangebote auf eigenes Risiko ohne Haftung).

Auf dem Weg nach links? –
2. Und dann immer noch einen Steinbruch für Faulbequeme fordern?

*Ja, sage ich ganz klar! Erbitte aber ein Gegenangebot!
Dann wird mein „inneres Kind" den Gerechtigkeitsfaktor suchen.*
– Mein lyrischer Aufsatz, *als Abrechnung für.....* *

Einleitung:
**Es lichtete sich hier* der Nebel,
Warum mir – Links-Sein - war suspekt,
In dem Gedicht sprang um, der Hebel,
Und ich such weiter, was da steckt
- An Sozialismus - auch in mir...**

...

Hauptteil:
Doch muss ich erst mal untersuchen,
Wie ich meine *Steinbruch-Idee*
Kann unterbringen, ohne Fluchen,
Dass das was Rechtes sei. Denn weh,
Würd' es mir tun, die aufzugeben...

...

Ja, ich bin fester Überzeugung
- Gemäß der Weisheit, die da heißt:
Dass nur der essen darf, wer Beugung
Von eig'nen Knien Wert erweist -
Dass **Arbeit erst**, zum Brot berechtig'.

...

Den Altruismus meiner Mutter:
Ausnutzen lassen, klagt wer's Leid,
Teile ich gar nicht, denn auch Luther
Bleibt bei diesem Gebot der Zeit:
Faulheit mach´ krank, an Leib und Seele...

...

Auch: ‚*Wer nicht hören will, muss fühlen!*'

Der alte Merksatz passt dazu...
Wer lässt, **die Nächsten,** mal schön wühlen,
Und guckt selbst bei der Arbeit zu,
Der krieg' von mir nicht einen Krumen.
...
Denn das Soziale darf nicht heißen,
Dass jeder mach', wie's ihm beliebt...
Doch dann noch groß das Maul aufreißen,
Wenn man dem nichts zu Essen gibt,
Der auf der Couch den Tag verbringt...
???
Jetzt schreit das Klientel der Faulen
Bestimmt schon auf, bei Bier und Phone,
Im Hintergrund des Schosshunds Jaulen:
„Was soll des Ellners rüder Ton:
Der hat ja seine dicke Rente!..."
???
Der hob auch über vierzig Jahre
- Täglich! - den Arsch aus warmem Bett...
Im Büro-Knast schuf der das Bare
Für Handaufhalter **„Tricky Fett"**.
Doch gut, dass wir verglichen haben!
...
Wann kommt das Jammern, dass doch - Arbeit,
Niiiiie hat, das fucking Arbeitsamt?
Nun, *wer sich stinkend macht*, zeigt Klarheit,
Dass er zur *Stütze* sei, *verdammt*:
Ein Trick der vielen Staatsbescheißer.
...
Der nächste kommt mit einer Krücke
- Die Straßenbettler machen's vor -
Zum Arbeitgeber, der *die Tücke*
Durchschaut, nicht braucht solch faulen Tor...
Ein Einzelfall? Nein: Legion...
...

Dies' Rad kann ich so weiter drehen:
Die Kranken sind ja nicht gemeint...
So mancher wird, erkannt, sich sehen,
Der dann in FACEBOOK wütend greint,
Im SHITSTORM, kollektiv vereint...
...

Ja, ja schon gut, ich kann's verstehen,
Bis mittags schlafen ist bequem...
Da... käm'... mein... Steinbruch in's Geschehen,
Als Grundidee: Ob Stein, ob Lehm...
...Na, immer noch nicht aufgewacht?
...

Die Zeiten werden radikaler!
Von Nix kommt Nix. Bald wird man's seh'n:
Die Welt zerbricht, `s wird schwer. Die Taler
Werden schnell knapp.... Sozial wär' schön,
Gäb's nicht Millionen Anspruchsdenker...
...

Natürlich sei'n Kapitalisten
An ALLEM doch – seit jeher - schuld?
Wer weiß um eig'ne Hinterlisten,
Zeigt Stinkefingers neuen Kult:
Schreit: Haltet diesen Dieb, den reichen...?
???

???An dieser Stell' lass' ich erweichen,
Mich, als ein erstes Sühnezeichen,
Die Gier neuer Kapitalisten
Zu untersuchen, deren Listen
Ja ungleich schlimmer- jetzt – erscheinen...

Schluss:
Wie dem auch sei: Des Gutmensch's Heulen
Hör ich fast schon bis zu mir hin.
Als Vorschlag zum Sozial-Aufgeilen
Kommt mir gleich dieser in den Sinn:
Wir weisen zu, ihm, einen Faulen!
!!!
???Was? Dann kein Heulen mehr, kein Jaulen,
Nach Selbstversuch solch hehren Heils?
???

Er ist jetzt Freund des Gegenteils![10]

---

* Gedicht Nr. 3.272 *über dumpfen Ärger und Wut während jahrzehntelanger Fronarbeit in Büros, während sich „draußen" die faulen Staatsknete-Empfänger eine schöne Zeit machen würden.*

---

[10] Nr. 21 für Juni 2016 aus insgesamt 3.273 Gedichten/Wortschöpfungen ab März 2004 - Kreativkernzeit 23.06.16 ca. 14:15 – 15:25 Uhr -
© Heinz-Albert (Heinrich) Ellner – D56727 (Nutzung evtl. o. a. Verlinkungsangebote auf eigenes Risiko ohne Haftung).

Ich scheiße auf fremde Meinung:
Die Gedanken sind frei.
Wir haben ja schließlich noch keine Diktatur!
Aber...was ist mit... Facebook?

~~~

NEIN, ich muss mich nicht be-schränken;
Darf um alle Ecken denken...
JA, ich muss das all aufschreiben,
Dass diese Gedanken bleiben!
???
NEIN, ich muss auch nicht bezweifeln,
Dass man mich dann will verteufeln,
Denn: Frei, seien die Gedanken!
„Wer bestimmt', es wär'n die... kranken?"
???
Meine Antwort, auf die Schnelle:
„Neuerdings der SHITSTORM, gelle!"[11]

---

[11] Nr. 06 für Juli 2016 aus insgesamt 3.285 Gedichten/Wortschöpfungen ab März 2004 - Kreativkernzeit 06.07.16 ca. 00:15 – 00:55 Uhr –
© Heinz-Albert (Heinrich) Ellner – D56727 (Nutzung evtl. o. a. Verlinkungsangebote auf eigenes Risiko ohne Haftung).

Ich bin...???

Da war etwas, was mich dann weckte...
Zunächst weiß ich nicht, was ES sei,
Das sich da immer noch versteckte?
...Fang einfach an, vielleicht macht's...frei?
...
Ich bin mein Leben durchgegangen.
Seh' heute viele Fehler ein.
Hab viel getan, viel angefangen,
Doch viel davon war auch nicht mein...
...
Manch' Handlung kam aus Fremd-Gewünschtem,
Von Mutter, Opa, wer mir's auch
Eingab, `s führte zu Übertünch'dem
Tun aus dem Hirn, nicht aus dem Bauch...
...
Viel Fremdbestimmtes ließ – Jahrzehnte -
Gestört, verstört - meist auch im Suff -
Mich handeln, dass ich lange wähnte,
Mein Selbst wär's, nicht der alte Muff!
...
Ich will nicht jammern, nur verstehen,
Warum, weshalb manches „geschah".
Mein „innres Kind" kann's heute sehen:
Die Flüsterer war'n immer da...
...
Ambivalenz durch Lob und Schimpfen!?
Sie nutzten mich für sich, geschickt!
Nun gut, sie sind in ihrem Impfen,
Durch manch' Gedicht, schon rausgekickt.
...
Und so waren die Erstjahrzehnte,
Zurückgeschaut, ganz für die Katz?

Kaum Leben war's, wie ich's ersehnte:
Der Unfall* schockte Mutters Schatz...
!!!
Jetzt MUSS ich ES endlich zugeben,
Loswerden, denn ich gab die Schuld
Mutter und Schicksal, weil das Leben
Mir kaum noch nachwarf, seine Huld...
...

Ich selbst war „schuld" an dem Desaster!
Ich ganz allein entschied zu tun,
Was spielerisch dem inn'ren Master
Einfiel, für Vorsicht stets immun...
...

Jetzt ist es raus. Es geht mir besser...
Gut, es war ja nicht alles schlecht.
Vernunft, als spätes Tatenmesser,
Schnitt Süchte durch!. Dann zum Gefecht!
...

Zu dem Jahrzehnt der inn'ren Suche
- So... 94 bis 04? –
Nach Zweifeln, Angst, Hoffnung, Gefluche,
Kam plötzlich die Erkenntnis, mir:
...

Ich schrieb Gedichte, weil ich spürte,
Das war's endlich, was mich als Kind
Durch's Blättern, Deuten, Lesen führte,
Zu Bildern, die im Geiste sind...
...

Computerkunst - und dann das Malen -
Traten als weit'res Tun hinzu...
Nach der Erwerbsarbeit „Fronqualen",
War die Tür - ab der Rente - zu...

...

Wieder ist ein Jahrzehnt ist vergangen,
In dem auch wuchs mein inn'res Kind.
Den Leib geheilt, hat's das Verlangen,
Sich aufmachen, wo sie sind...
???
... Die neuen, wahren Abenteuer,
Geplant grob, nach dem Masterplan!
Denn, in der Hand das eigne Steuer,
Geht's bald dann auch mit Schwung heran!
...
Heran an all die lang geparkten
Talente, Vorhaben und was
Sich staute! Dies gilt's zu vermarkten...
Dann staunt die Welt! Der Feind wird blass!
???
Ich BIN und mach' die Zweifler nass,
Denn Geltungssucht macht mir ja Spaß.
Basta.[12]

---

* 20.12.58, Unfall mir Handverlust, rechts.

---

[12] Nr. 18 für Mai 2016 aus insgesamt 3.249 Gedichten/Wortschöpfungen ab März 2004; Kreativkernzeit 29.05.16 ca. 10:25 – 12:15 Uhr-
© Heinz-Albert (Heinrich) Ellner – D56727 - Nutzung evtl. o. a. Verlinkungsangebote auf eigenes Risiko ohne Haftung.

Heinz im Glück? Na, ich weiß nicht!

Weil da Neid war, nur ein wenig,
Doch vor Wut der Kopf mir rauchte,
Rief ich ich nach dem Glück, als König:
„Wo bist Du, wenn ich Dich brauchte?
...
Warum gehen die Millionen
Dollars, €uros - all der Zaster -
An die Ärsche, die's noch klonen,
Weil der Teufel helf', beim Laster!
???
Schiss' ja nur auf große Haufen!
'S machte mich kurz wild und fuchtig!
Für's beinah kann man nichts kaufen:
Nun, MEIN Glück! Komm, groß und wuchtig!
...
Schütt' Dein Füllhorn über diesen
‚Größten Dichter aller Zeiten'!
Wenn ich käme, aus den Miesen,
Würde ich der Welt be-reiten,
???
Gern das Glück, meine Talente
Zu verschenken, als Gedichte.
Und, weil ich ja vieles könnte,
Schrieb dann einst deutsche Geschichte..."
???
„Heinrich! STOPP, Du alter Neider!
War ich nicht an Deiner Flanke?
Undankbar bist Du, scheint's, leider?
Neid? Welch hässlicher Gedanke!

...
Was ist da mit Deinem Stutzen?
Glück im Unglück war Dein Motto!
Siehst ihn heute doch als Nutzen?
Also hoff' jetzt nicht auf Lotto...
...
Und auch Elke, die das Beste
Sei, seit damals, als ich brachte
Dir dies' Glück! Du Sack, jetzt lässt `de
Mal das Jammern und beachte:
!!!
ICH hab' Dir doch Geist gegeben,
Ich, das Schicksal, wirst Du wissen!
Mach was draus, fang an, zu streben!
Und, auf Mammon sei geschissen!
~~~
Wie die FANs ja heut' schon meinen,
Hättest Du genug Talente!
Also hör' jetzt auf, zu greinen,
Komm zu Potte, lahme Ente...
...
Nur wer hat, dem wird gegeben:
Bei Dir die Synapsen rauchen!
...Wem's fehlt, da, an Geistes-Leben,
DER wird Geld als Ausgleich brauchen...
...
Gut, bei Dir komm' ich in Häppchen,
Lieber Heinrich, sei bescheiden.
Hie ein Mensch und da als Schnäppchen,
Du musstest kaum wirklich... leiden.

...

Ich, Dein Glück, kann nur erneuern:
Viel tat ich schon, Dir zu nutzen!
Dein Kind* wird Dich weiter steuern,
Und jetzt hilft Dir ja Dein Stutzen...
...
Die Idee, „Inklusionator"
- Kombiniert mit Malen, Reimen -
Schützt doch auch schon vor'm... Rollator!
Also, Heinrich, ohne Schleimen
???
Sage ich, Dein Dauerglück:
Mach Dich auf und geh' ein Stück
Zu, auf eine Außen-Welt:
Du wirst seh'n, dann kommt das Geld,
???
Das Dir zusteht, für Dein TUN!
Sei also, für Neid, immun.
Jammer nicht! Denk an Dein Rasta
Von dem späten Aufstieg! Basta.[13]

---

* „Das innere Kind", siehe WIKIPEDIA u. a. m.

---

[13] Nr. 07 für Juli 2016 aus insgesamt 3.286 Gedichten/Wortschöpfungen ab März 2004 - Kreativkernzeit 08.07.16 ca. 14:55 – 16:15 Uhr –
© Heinz-Albert (Heinrich) Ellner – D56727 (Nutzung evtl. o. a. Verlinkungsangebote auf eigenes Risiko ohne Haftung

# Heinz im Glück, zum Xten?

**- Durch Glücksgefühle veranlasst: Lediglich eine aktuelle Feststellung mit - in Teilen wiederholtem bzw. anders formuliertem - kurzem Lebensabriss**

Geboren als Bankert. Behandelt? So auch,
Da draußen. Doch sah sie den Prinzen
In mir, meine Mutter, der ich aus dem Bauch
Kroch: Schwarzhaarig, trocken, mi'm Grinsen.
...
Vorher, in der Christmette, kamen die Weh'n.
Man musste Mama schnell entfernen:
„Gefallenes Mädchen! Da kann man mal seh'n,
Wie's geht. Demut muss DIE noch lernen...
...
Man sah ja doch nie, mit wem einließ, DIE, sich?
Die Jungfrau war forsch und recht eitel.
Wer lag da im Bett, wer saß morgens am Tisch?
Die Vaterschaft steht in den Sternen!!!
...
Entweiht diesen heiligen Ort von dem Kind,
Das einst von Maria geboren,
Ja UNBEFLECKT",Stimmen verstummten im Wind,
Der pfiff, plötzlich, um inn're Ohren???
~~~
...Erst lernte ich deuten, statt lesen, schon früh
Die Bilder in Büchern und Kladden...
Der Bankert gab draußen sich auch schon mal Müh'!
Doch Kräfte die andern, mehr, hatten...
...
Dann kam auch das Lesen - ab 5? - schon dazu,
Und Phantasie wuchs, in der Stube.
Die Schule dann später, störte meine Ruh'...
Doch: „Der lernt ja fleißig, Ihr Bube!"

...
Ich dachte zwar oft schon: „Das Leben wär' schön,
Gäb's nicht diese vielen Ver-bote..."
Doch lebte ich diese, und ließ es gescheh'n,
Dass ich war, der anderen, Bote...
...
Durch Unfall mit Handverlust rechts, als der Schock,
Da konnte das Kind* nur noch werden
Ein Diener, war angestellt. Doch der Steinbock,
Da im Geist stand, trotz Suff, auf der Erden...
...
Der Trotz blieb erhalten, dass ich – Nikotin -
Und später den Suff aufgab, endlich...
„Du wirfst nicht Dein Leben weg", war da im Sinn...
Ab da galten Süchte als schändlich...
...
Was ab 90 folgte, das steht lang und breit,
Gereimt, in den vielen Gedichten.
Drum nutze ich lieber die restliche Zeit,
Die bleibt, um davon zu berichten:
???
Von jenen, denen ist, das Glas, schon halb leer,
Die alles und jedes bejammern.
Denn mir fällt es heut' überhaupt nicht mehr schwer':
Mein Glück ist gespeichert, in Kammern...
...
Im Haus meines Geistes in Zimmern. Ein Schrank
In jedem, mit vielen Schubladen.
Wie es einst auch kam: Meinem Schicksal sei Dank:
Ich gab mich nicht auf, ging nicht baden...
...
Soll ich meinen Stutzen, den fehlenden Darm,
Das Rheuma, Gelenkschmerz, bedauern?
Das Leben ist kurz, und ich wär' geistig arm,
Mein Schicksal, jetzt noch, zu betrauern.
...

Die Märchen, Balladen, die Bücher, sie sind
- Gedeutet, in Mengen gelesen -
Das Kapital heute, vom „inneren Kind"*:
Ich grub es mir aus: dieses Wesen...
...
Die Phantasie ist es, und dazu ein Stück
Der Freude, die Welt stets zu sehen
Mit Augen des Kindes, und das ist mein Glück:
ES* DARF eig'ne Wege, heut, gehen...
...
Dem URKNALL verdank' ich dies' Lehen.
Doch demütig klein mich zu sehen,
Hab ich nicht mehr vor: Denn mein Lasta
Ist GRÖSSENWAHN – darin! - und basta![14]

---

* Gemeint:
1. Unfall im Dez. 58 im 13. LJ und spätere Aussage der Mutter „Das Kind kann jetzt nur noch aufs Büro" > mit 14 ab 1960 in die 2-jährige Handels-Fachschule zum „Umlernen" > Danach 2 ½ Jahre Ausbildung zum, und dann lange Zeit Tätigkeit als, „Industriekaufmanns-Gehilfe(n)" > ab 1974 Angestellter im öffentlichen Dienst bis Dez. 2005 > Ab Jan. 2006 dann „endlich in Rente" und somit schon mal befreit von „Fronarbeit" > Die geistige Befreiung ab da dauert ja bis heute an, wie man aus den vielen Gedichten, die sich darauf beziehen, lesen kann, wie jetzt auch aus den o. a. Reimen.
2. „Mein inneres Kind". Siehe dazu „Das innere Kind" unter Wikipedia u. a. Online-Angebote im Internet.

---

[14] Nr. 19 für Juni 2016 aus insgesamt 3.271 Gedichten/Wortschöpfungen ab März 2004 - Kreativkernzeit 18.06.16 ca. 8:50 – 11:15 Uhr-
© Heinz-Albert (Heinrich) Ellner – D56727 (Nutzung evtl. o. a. Verlinkungsangebote auf eigenes Risiko ohne Haftung).

Ein Hoch auf meine Wunderpsyche!
- Wieder mal (M)ein LYROGRAMM -

Wenn der Mieter täglich duscht,
Morgens um Dreiviertel Sechs,
Fühlt ES sich schon gleich geluscht,
Dieses alte Rheingewächs???
???
Schrieb ich unlängst nicht, dass, täglich,
Ich's ja - ähnlich – auch betrieb?
Doch die Absicht scheiter', kläglich?
Regeln hätt' ich gar nicht lieb???
???
Also dusch' ich *ausnahmsweise*
Täglich! Doch der zweite Tag
- Das gestehe ich hier, leise -
Ist die Regel, weil ich's... mag...
???
???Warum muss ich mich betrügen?
Weiß nicht, was mich da bewegt!
Ist zwar auch kein klares Lügen,
Doch was, das mich jetzt erregt...
???
Kindlich* - so - ...Routine brechen???
...Regeln mag ich nämlich nicht!...
???...Ach? ...Kann mich an Zeiten rächen,
Da ... der... SCHULGANG... war... doch...
PFLICHT???
!!!
Jeeetzt weiß ich, warum dies'„täglich"
Aversion hervorbringt, mir???
... Macht die Psyche es glatt möglich,
- Dieses liebe Wundertier,

...

Dass ich doch begreif', mein... Pfuschen?:

Schrieb im Vorgedicht schon zu
Diesem blöden „täglich duschen"!
...Jeeetzt hat diese Seele Ruh!
!!!
Und mein Kind* denkt, still:
„Ich dusch', WANN ICH WILL!
Basta."[15]

** Das innere Kind" (s. beispielhaft: WIKIPEDIA.de und AMAZON.de). Meine erklärte Methode, Seelenprobleme sofort anzugehen, „wenn da was im Unklaren ist". Muss dann aber dieses zunächst undefinierbare Gefühl auch sofort konsequent „abarbeiten", heißt: Unmittelbar den Computer aufsuchen und alle Gedanken schnellstens niederbringen. Zu 99% so lange, bis am Ende eine eindeutige Erkenntnis steht, wie auch in diesem Fall wieder bestens gelungen. Schon das 1. Gedicht dazu – Nr. 3.256 „**Wie, duschen? Heute auch schon... wieder?**" war ein Hinweis und hat mich gedanklich offenbar nicht losgelassen, ohne, dass mir das bewusst war. Erst das Duschgeräusch aus dem Haus - morgens um die offenbar schon länger wahrgenommene gleiche Zeit - löste spontan den Impuls zu diesem relativ kurzen LYROGRAMM aus. Denn die „Regel" waren bisher in ähnlichen Fällen „zig" Strophen, bis eeendlich die Erkenntnis da war. ! Erinnere mich an einen Fall, da musste ich – ärgerlicher Weise – schon im Vorfeld bei der Überschrift abbrechen, weil „nichts mehr kam". Erstaunlich jetzt, dass ich mit nur 7 ½ Strophen relativ schnell zu Potte kam! Meistens brauche ich 10, sogar 20, gelegentlich auch länger.*

Anmerkung: LYROGRAMM: Meine „Wort-(Er-) findung" aus LYRik und psychOGRAMM, als Helferlein, seelische Befindlichkeiten/Probleme so lange gereimt abzuarbeiten, bis sich dann zu 99% die Lösung ergeben hat, und wenn es zig-Strophen dauern sollte.

---

[15] Nr. 08 für Juni 2016 aus insgesamt 3.260 Gedichten/Wortschöpfungen ab März 2004 - Kreativkernzeit 09.06.16 ca. 05:55 – 06:30 Uhr -
© Heinz-Albert (Heinrich) Ellner – D56727 (Nutzung evtl. o. a. Verlinkungsangebote auf eigenes Risiko ohne Haftung).

Gedicht vom authentischen Sein.

Manchmal lasse ich ES krachen,
Schreibe auf, bekloppte Sachen,
Wie: Die Reime von dem Nass,
Das, mir, bringe keinen Spaß!
...
Gut, ich lass das Räsonieren
Will nicht in die Irre führen.
Reime gern' auch nur mal rum:
Wer nicht redet, gilt als dumm...
...
Doch es gibt auch stille Leute,
Sagen kaum was, gelten heute
Als gescheit durch den... Extrakt!
Davon bin – ICH – nicht gepackt!
...
Mein Talent der vielen Worte
- Schön gereimt an diesem Orte -
Muss heraus und in die Welt:
Fühl' mich wichtig! Und das zählt.
...
Basta.[16]

---

[16] *Nr. 05 für Juni 2016 aus insgesamt 3.257 Gedichten/Wortschöpfungen ab März 2004 - Kreativkernzeit 08.06.16 ca. 12:50 – 13:30 Uhr -*
© *Heinz-Albert (Heinrich) Ellner – D56727 (Nutzung evtl. o. a. Verlinkungsangebote auf eigenes Risiko ohne Haftung).*

Gut, dass es heut' DICLO gibt?

Spür', dass mich – Diclofenac -
Wird wohl für den Rest begleiten?
Denn in Rücken und Genack
Mir - die Wirbel - Schmerz bereiten.

~~~

Auch aus Kniegelenken, Füßen,
Lassen täglich Schmerzen grüßen...
Handgelenke, Ellenbogen,
Dito. Sind nur fortgezogen
...
Aus der einst maroden Hüfte,
Die jetzt neu ist. Schmerzens-Klüfte
Scheinen mich da nicht zu schinden?
Trotzdem ist zu überwinden:
???
Dieser Rheuma-Schmerz vom CHROHN,
Täglich. Und das war es schon!
Mit viel Wasser wird ertragen,
Dann das Zeugs wohl auch, vom Magen..

~~~

Denn in meinen Restaussichten
- Die bestimmt, der große Masta -
Kann ich gern darauf verzichten:
Schmerz passt da nicht in mein Rasta.
Basta.[17]

---

[17] Nr. 27 für Juni 2016 aus insgesamt 3.279 Gedichten/Wortschöpfungen ab März 2004 - Kreativkernzeit 30.06.16 ca. 07:10 – 07:50 Uhr -
© Heinz-Albert (Heinrich) Ellner – D56727 (Nutzung evtl. o. a. Verlinkungsangebote auf eigenes Risiko ohne Haftung).

Kampf den alten Säcken und Säckinnen
- 1 –

Wo bleibt die Gleichberechtigung? Wenn schon, dann aber GENDER richtig falsch. Gelle!

Was schreibt die FAZ, Themen auf-greifend,
Im Abgang dann doch sehr er-greifend?[1]
??? Es gäbe Hass, jetzt, in Europa
 - Beträfe Oma und den Opa -
Glatt ausgelöst durch diesen... BREXIT?
‚Die Jungend' wünsche den ‚Last Exit
Der Alten' früher?... `S käm' von... LINKS?
Ich sag's schon lange: LINKS, da stinkt's!

...

Sie, aus dem Goodwill ihrer Eltern
Noch bis ins Mittel-Alter, keltern
Den satten Alimenten-Zaster,
Der, finanziert, ihr Bohème-Laster?
Doch dann die Fresse groß aufreißen,
Die Alten auf den Müll zu schmeißen?
Ja, das ist wahre Elternliebe
Der pseudolinken Tagediebe!

...

Was hat das eine mit dem andern
Zu tun, jetzt, wo Britanniens Wandern
Aus der EU, schlägt, hohe Wellen?
Den Alten nun ein Bein zu stellen,
Weil da die Jugend lieber turnen
Ging, statt ihr Votum an den Urnen
 - Gegen den BREXIT! - abzugeben?
Das soll den Selbstwert jetzt anheben?

...

Jetzt hau'n sie drauf, auf diese Alten,
Dass denen zittern Kinn und Falten?[1]
??? Mein Kind[2] lacht, weil die Hülle greinte:
„Wir Alten sind die neuen Feinde?"
Wie will die Jugend ‚uns zwei' bashen?
Wenn sie den Körper, mir, verdreschen,
Verhau'n sie mit, den geistig jungen,
Der bleibt, in alte Haut, gezwungen!
!!!
ICH, Erster aller deutschen Denker,
Mach' doch vor keinem Scheiß `nen Schlenker!
Was hab' ich nicht aus grauen Zellen
Schon rausgequetscht? Berlin erhellen
Könnt' ich, Kraft meiner Geisteswinde,
Entfleuchen meinem „inn'ren Kinde"![2]
...Als grob gereimte Geistesfürze
Wär's Psycho-Deutschlands Magie-Würze![3]
...
Klar, gegen Orban und Kaczynski
Sei, heut, ein Heiliger: Klaus Kinski...
Zwei klare Antidemokraten,
Die auch Europas Sein verraten...
Vielleicht verließen Englands Ratten
- Heimlich gesteuert durch *die Staaten* -
Gezielt, Europas Geisterschiff,
Weil's, merkel-blind, lief' auf ein Riff?
...
Und trotzdem bleibt mir, anzumerken:
Europa hätte große Stärken,
Wenn wir - ohne die Aggressionen
Des *NSA-Land's* zu belohnen -
Versuchten, Polen, Tschechen, Balten
Zu überzeugen, statt zu spalten,
Dass dieser große Bär, im Osten,
Selbst Angst hat und bleibt, auf dem Posten?

???
ER wurde dreimal überfallen,
Sieht jetzt - die NATO! - Fäuste ballen!
Die KRIM? War Rache auf die Schnelle!
Zum Vierten rückt man auf die Pelle,
Ihm, diesem ungelenken, schweren
Egogekränkten Russen-Bären!
...Dachte dies auch schon – wer?- auf Erden:
**Wie wär's, wenn WIR NEUTRAL – mal! -
WERDEN?
???
Oder: Meine Jahrhundert-Lösung!
Warum die ewige Verbösung?
Putin-Versteher - ‚Gerd Nicht-Färber' -
Wär' da doch prima, als Ent-derber[5]
Für Druschba mit Groß-Russlands Kasta?
Wer anders, wenn nicht er, gut passt', da!:
Europa bis Kamtschatka! Basta.**[18]

---

[1] FAZ titelt: „Die Greisenfresser kommen": s.
http://www.faz.net/aktuell/feuilleton/debatten/kampf-gegen-die-alten-nach-dem-brexit-14315331.html
[2] Das innere Kind" s. WIKIPEDIA u. a.
[3] http://www.spiegel.de/politik/deutschland/wladimir-jakunin-putin-vertrauter-weiht-denkfabrik-in-berlin-ein-a-1100927.html
[4] DITIB: Erdogans deutsche Vertretung seiner staatlichen Religionsbehörde
[5] Statt „Ver-derber"

---

[18] Nr. 02 für Juli 2016 aus insgesamt 3.281 Gedichten/Wortschöpfungen ab März 2004 - Kreativkernzeit 01.07.16 ca. 20:10 – 23:55 Uhr –
© Heinz-Albert (Heinrich) Ellner – D56727 (Nutzung evtl. o. a. Verlinkungsangebote auf eigenes Risiko ohne Haftung).

Im eigenen Weinberg bestimme ICH, basta!
- Ab und zu kommen noch solche Reste hoch??? Interessant! -

Bin Arbeiter nicht mehr, im Weinberg des Herrn,
Wie's lernte ich einst aus der Bibel...
Doch trotzdem seh' ich mich weit davon noch fern,
Zu seh'n – solchen Schmonzes – als Übel.
...
Nicht alles war schlecht an Gebot und Moral,
Doch sind's diese Typen auf Erden,
Wovon einer Geier, der nächste Schakal
Ist, weit weg, mal heilig zu werden.
...
Bin lang' schon kein Arbeiter mehr, auf dem Gut,
Denn ich habe selber gekündigt...
Es war diese Unfreiheit, die tat, nicht gut...
Bestimm' lieber selbst, wann man sündigt.
...
Trotzdem habe ich von *dem Herrn* viel gelernt:
Durch graben und hacken und ackern
Geschaffen mir, gar nicht so weit von entfernt,
Den eigenen Weinberg: Da gackern...
???
...Jetzt Hühner auch, zwischen den Reben,
Die freilaufend, glücklich, so... leben.
Die legen mir lyrische Eier:
Ersatz für das Mantra-Geseier...
...
Wo ich früher JESUS verehrte,
Ist Platz, jetzt, für Kreativ-Werte...
Bin Schaf nicht, nicht eines der Kälber,
Die sich für den Herrn opfern, selber...*

...

**Und kein Pfarrer trinkt meinen Wein!
Den sauf' ich dann lieber, allein...
Sagt wer dann: „Mach's, in Gottes Namen",
Dem sag' ich: „In Dreiteufels! Amen".**[19]

---

* Kriege, von "der Kirche" abgesegnet.

---

[19] Nr. 18 für Juni 2016 aus insgesamt 3.270 Gedichten/Wortschöpfungen ab März 2004 - Kreativkernzeit 17.06.16 ca. 23:10 – 00:30 Uhr-
© Heinz-Albert (Heinrich) Ellner – D56727 (Nutzung evtl. o. a. Verlinkungsangebote auf eigenes Risiko ohne Haftung).

Ein Denker muss Wollen... dürfen!

Ich habe keine Kindheitsflüst'rer
Mehr in dem Kopf, dem jungen alten.
Mein Denken halten nie mehr düst'rer
Die Ahnen, die mich stets beschallten,
Was man da tun darf, und was nich' ...
...
Nun gut, ich wollt's nur noch mal sagen.
Halt mich nicht auf, mit Müll DER Zeiten.
Denn heut' beschäftigen mich Fragen,
Die den Verstand, mir, sollen weiten!
Weg von Be-schränk-ung: Hin zum... ICH...
...
Ich glaub', ich bin auf einem Wege,
Der wegführt von den Albernheiten...
Es scheint, mein innerer Stratege,
Lässt sich von gutem Einfluss leiten,
Durch Menschen, die glauben, an mich...
...
Vertrauen auf mein Kind, das gute,
Das ich mir ausgrub, unter Schmerzen.
Das - heute neu - mit freier Schnute
Erzählt, gereimt, was auf dem Herzen
Es hat, weil es gern öffnet, sich...
...
Auch, wenn Gefahr besteht, Verletzung,
Mal zu erfahren? Will ich's ändern,
Dieses Verhalten, qua Besetzung
Der Seele, bis zu allen Rändern,
Mit Humanismus: ICH WILL NICH`![20]

---

[20] Nr. 24 für Juni 2016 aus insgesamt 3.276 Gedichten/Wortschöpfungen ab März 2004 - Kreativkernzeit 27.06.16 ca. 14:45 – 15:40 Uhr -
© Heinz-Albert (Heinrich) Ellner – D56727 (Nutzung evtl. o. a. Verlinkungsangebote auf eigenes Risiko ohne Haftung).

Ein Denker MUSS gar nichts müssen.
Er will, wann er will! Basta.

Ich bin in letzter Zeit so faul,
Wie'n alter, müder Ackergaul...
Doch könnt' ich immerzu nur denken;
Möcht' Tausende Gedichte schenken,
Der Welt noch, denn ich weiß ja nicht,
Wann - wie man sagt - das Auge bricht...
???
Faul meine ich: Bei Arbeits-Taten
An Haus und Garten: Mäh'n und spaten.
Da kommt mir tagelang gelegen,
Dass ich's kann schieben auf denRegen...
Nur: Zwischendurch ist's ja mal trocken!
Seh' mich dann auch am Schreibtisch hocken!
???
Je länger ich mich nun ertappe,
Dass ich mir vorgaukel', der Schlappe
Zu sein, für diese Außentaten,
Fühl' ich mich seelisch fies beraten,
Denn grade jetzt geht's mir beschissen,
Weil sich laut meldet, das Gewissen!
...
Nun hab' ich nicht vor, gleich zu sterben,
Doch will ich ‚Große' noch beerben!
Ein Goethe wär' mir nicht so wichtig.
Vergleich damit? Darauf verzicht, ich....
Es wär' mir lieber, dass - Romantik! -
Man fände, in meiner Semantik...
...

Denn, dass da viele meiner Worte
- Entstanden in der Hirnretorte -
Wären doch höchst bedeutungsschwanger,
Habe ich nun in doch schon langer
Phase der routinierten Reimung
Gehört: Dies' völlig ohne Schleimung!
...
Und, trotz der Tausende Gedichte
- Mehr schon als Heine, Brecht, ob Fichte -
Bin ich - bei öfterem Gefluche –
Mental noch auf der steten Suche
Nach Rilkes eleganter Dichtung!
Frau S. glaubt, dass ich hab', die Richtung!
...
Wie es gerade so schön fließt,
Der inn're Schweinhund mir vermiest
Dieses Gefühl, das doch zu dürfen?!
Der geht mir so was auf die Nürven!
Ich... hau... ihm... einfach was auf's Maul.
Jetzt ist er still! Und ich bleib... faul.

Im Sinne dieses schnöden Müssens,
Ein Altrelikt des scheiß Gewissens...
Ich muss mir das mal hart erforschen,
Als Restverhalten von den morschen
Weisheiten der bekackten Ahnen...
Jetzt spüren Sie's und werden's ahnen?
...

Macht der jetzt weiter: Unerlässlich
Wird seine Sprache fäkal, hässlich!
So unterbrech' ich diesen Lauf
Mal – ausnahmsweise – und hör' auf...
Leg' mich auf's Bett, such mal – igitt! -
Warum mich dieser Teufel ritt!
...
Und das Ergebnis wird ergeben,
Ein Neugedicht! Halt später, eben.
Bin ich auf was gefasst, da?
Klar, wie bei allen! Basta.[21]

---

[21] Nr. 03 für Juli 2016 aus insgesamt 3.282 Gedichten/Wortschöpfungen ab März 2004 - Kreativkernzeit 02.07.16 ca. 14:50 – 16:40 Uhr -
© Heinz-Albert (Heinrich) Ellner – D56727 (Nutzung evtl. o. a. Verlinkungsangebote auf eigenes Risiko ohne Haftung).

Brexit? Brexit! *

Na endlich! Now good bye, Great Britain!
Es ist soweit, wir sind sie los!
Die kleinkarierten Thatcheriten
Wollten doch stets das deutsche Moos...
...
„Give me the Money back"! Das Würstchen,
Das man schon immer extra kriegt'!
Jetzt geht's mi'm drahtig rauen Bürstchen
Über die Bürger? Dummheit siegt?
???
Ja, Londons Bankwelt kontrollierte
Lang die Finanzen der EU!
Des steifen Tommies manierierte
Impertinenz tat ihr's dazu...
...
Wir schleichen aus, die Insulaner???
Doch ist gefährlich, Deutsches Sein,
Das, arrogant, zentraler Mahner,
Plötzlich dann steh', selbst, mal allein?
...
Die Niederländer schon mäandern!
Wer holt vom Eis, manch blinde Kuh,
Wenn wollten - ab jetzt - all die andern
Nur wegen uns, flieh'n, die EU?
...
Sie schrei'n „Den USA anschließen
Ist jetzt Ultima Ratio"?
War's NSA, die ließ verdrießen,
Per Antiwerbung, diesen Zoo?

...
Nun, zuzutrauen wär's ja den Staaten:
Heimlich zu pushen, aus Prinzip,
Damit der Rest dann MUSS geraten,
In diese Falle des TTIP?
...
Es ist passiert. Bleibt abzuwarten,
Ob GB auch ein Phönix ist,
Wie ich mich seh': Dann neu zu starten,
Wenn abfiel mal, viel alter Mist...
...
Gefährlich bei dieser Rochade:
Das **Empire** hängt noch am Hals!
Und durch Einwanderungsblockade
Misstrauen pur? Schlecht, jeden Fall's...
...
Fluten die jetzt die EURO-Röhre?
Exzentrisch ist der Brite, schon...
Tun's nicht? Man lieber nicht drauf schwöre:
Jetzt kommt die Zeit von Spott und Hohn:
...
Der ERZFEIND, Frankreich, liegt am Boden,
Von dort käm' ja der Flüchtlingstreck!
Nicht Eierstöcke! Die mit Hoden
Hielt man sich so vom Leibe weg!
...   ...
Und überhaupt hätten wir Hunnen
Das Sagen doch, in der EU!
???Bevor das Kind neu in den Brunnen
Fiel', spielt man selbst schnell Blindekuh???
???

Versteh' einer das Inselvölkchen
- Aus Sachen stammt's, vom deutschen Land -
Verpisst sich bei dem kleinsten Wölkchen?
Nimmt an: **Zum Dritten wird verbrannt...**
???
Europas Erde, von... den KRAUTS?
Ihr lieben Leser, Leserinnen
Das ist der Grund??? Nun, denn: Verdaut's,
Was ich vermag zurechtzuspinnen!
???
Da gibt's ein enges Zeitgeistraster,
Verfängt sich Freude, Leid und Laster
Der kleinen und der großen Welt.
...Und ganz so, wie es MIR gefällt,
???
Press ich daraus solch' Reimungspasta!
Kochen müsst ihr sie! Und jetzt: Basta.[22]

---

* Ergebnis des Volksentscheides in Großbritannien, heute, 24.06.16 bekannt gegeben: Eine komfortable Mehrheit hat für den Austritt aus der EU gestimmt.

---

[22] Nr. 22 für Juni 2016 aus insgesamt 3.274 Gedichten/Wortschöpfungen ab März 2004 - Kreativkernzeit 23.06.16 ca. 10:15 – 11:50 Uhr -
© Heinz-Albert (Heinrich) Ellner – D56727 (Nutzung evtl. o. a. Verlinkungsangebote auf eigenes Risiko ohne Haftung).

Attentäterarschloch-Zeit, zum ...
[- Vorgedichte für Attentäterarschloch-Zeit,
zum II. -]
1. Attentäter von links außen

Auch wir hatten Attentäter,
Die die Demokratie störten...
Waren Kinder jener Väter,
Die Europa einst verheerten...
Die leugneten ihre Schuld.
...
So war'n turbulent, die Zeiten,
Von der STASI noch befeuert!
Aufgeheizt im steten Streiten,
Dass die Jugend sei, bescheuert,
War Krawall vorprogrammiert...
...
Kaufhausbrand - und später, Morde -
Brachten linke Attentäter
- Ab da als Verbrecherhorde -
Mehr ins Abseits, und die Väter
Lochten ein sie, mehr und mehr.
...
Irgendwann kam dann die Handlung,
Dass paar Mörder selbst ausknipsten
Ihre Existenz. Und Wandlung
Trat ein, als Rest-Allerliebste
Ihrer STASI mitaufflogen.

RAF und Rotbrigaden
Hatten ihre Arschloch-Zeiten.

Gingen durch den Umstand baden,
Dass dies' Deutschland nicht bereiten
Wollte, tumben Kader-Linken,
???
Freude. Konnten sich abschminken
Dröge Sozialistenträume.
Denn, statt okkupierter Räume
Haben die schön blöd geguckt,
Alle wurden selbst... geschluckt.[23]

---

[23]Nr. 11 für Juni 2016 aus insgesamt 3.263 Gedichten/Wortschöpfungen ab März 2004 - Kreativkernzeit 14.06.16 ca. 20:55 – 22:10 Uhr-
© Heinz-Albert (Heinrich) Ellner – D56727 (Nutzung evtl. o. a. Verlinkungsangebote auf eigenes Risiko ohne Haftung).

2. Attentäter von rechts außen

Auch wir hatten Attentäter,
Die die Demokratie störten...
Waren Kinder jener Väter,
Die Europa einst verheerten,
Prahlten noch, mit Heldentaten...
...
Deren Kinder glaubten Ihnen
Zweifelten nicht an den Worten.
Auch hier gab's verhasste Mienen...
Aber sie legten an Orten,
Wo Ausländer wohnten, Feuer...
...
Wehrsportgruppen-dumpfes Denken,
Neonazis, Skinheadszenen,
NPD und Fahnenschwenken,
All das gab's als krudes Wähnen,
Dass dies Deutschland „überfremde"...
...
Heute gibt es Attentäter,
Die Asylheime anzünden:
Tumbe Mütter, tumbe Väter,
Die – mehr östlich – sich verbünden,
Ohne Grund! Grad da in Sachsen
???
Sieht man Hass und Missgunst wachsen?
Flüchtlinge gibt's ja nicht viel...
...Wird gefördert, dieses Spiel
Mit dem Feuer, still, qua Amt?
STASI sei nicht ganz verdammt!

???
**Ob Randale, rechte, linke,
Hauptsach' Trubel? Denn, wenn's stinke,
Schwäch' man so Demokratie,
Bis sie ginge, in die Knie!
PUTIN helfe: Da, wie hie!**
???[24]

---

[24] Nr. 12 für Juni 2016 aus insgesamt 3.264 Gedichten/Wortschöpfungen ab März 2004 - Kreativkernzeit 14.06.16 ca. 22:30 – 23:40 Uhr-
© Heinz-Albert (Heinrich) Ellner – D56727 (Nutzung evtl. o. a. Verlinkungsangebote auf eigenes Risiko ohne Haftung).

Attentäterarschloch-Zeit, zum II.
2. Religiöser Wahn, reloaded

- Mein lyrischer Aufsatz -

Einleitung
**Zweimal war das Abendland
Auf dem Weg in's Morgenland...
Konnten's nicht auf Dauer halten,
Da begann erst recht, das Spalten...
...
Wann? Warum? Scheiß! Wie auch immer,
Int'ressiert mich nicht den Schimmer:
Was ich lernte, ist verschollen,
Weil ich's habe lernen... sollen.**

~~~
Hauptteil:
Einst stand Suleyman, der Türke
Mal vor Wien. Doch sein Gewirke
Endete glatt im Desaster:
Lang belagert! Doch dann passt'er...
...
Hundert Jahre drauf: Zum Zweiten
Kam *der Türke* neu, zu streiten:
'S klappte auch nicht, Wien zu stürmen,
Jetzt musste der nächste türmen.
...
Und so bleibt des Islam Rache,
Heute, seiner Jugend Sache,
Die, im Hirn des Korans Suren,
Kämpft nun neu, auf alten Spuren.
...

Doch bekämpft man, bei Muslimen –
Erst des Bruders Moslem-„Mimen":
Bei Sunniten nicht gelitten,
Sind ungläubige Schiiten...
...
Mord und Totschlag in den Ländern
An Europas Nahost-Rändern!
Ihren Brüdern `s Leben rauben
Attentäter, fest im Glauben!
...
Doch gar nicht, in ihrer Mitten,
Dulden sie die Aliviten!
Sei'n im Glauben viel zu locker!
???Freiheit ist des Moslems Schocker!:
...
Denn schlimm ist das Rel`giöse;
Qua Diktat doch selbst das Böse!
So führ'n, zurzeit, Islamisten
Kreuzzug-Rache gegen Christen.
???

Unfreiheit in Rel'gionen
Soll wieder Unfreiheit klonen!
Ist das Hirn voll mit Gebeten,
Kann's ja nur beiseite treten.
...
Ohhh: Die neuen Islamisten
Lernten Freiheit bei den Christen!
Doch gibt's, wie bei unsern Tumben,
Kaum Geist in des Hirnes Klumpen.
...
Ihr Islam, schon den Groß-Vätern

Reingeprügelt, macht zu Tätern.
??? Schlagen sie - auf der Etappe -
Glatt drei Fliegen mit der Klappe?
???
Nicht nur für den Prächtigen
Kämpfen die allmächtigen
Krieger mit den dicken Eiern,
Schänden Frauen, was sie feiern...
!!!
Morden just for the Vergnügen!
Der Echt-Arbeit zu genügen
Bei Harz-IV und Rauschgift-Zaster,
War zu dröge? Hin zum Laster!
???
Endlich einmal Christen meucheln,
Die im Westen Liebe heucheln,
Doch denen des Mammons Werte
Näher sind! Gell, hochverehrte?
!!!
??? Haben nicht des Westens Mächte
- England, USA – einst echte
Altstruktur im nahen Osten
Umverteilt? Das MUSSTE kosten...
???

Schluss:
**Deshalb Rache auch, als späte?
Nun: Der AMI, neu ja säte
Wut!: Ist seit IRAK dabei,
Mit dem Kreuzzug Nr. 3!
...
So entsteht – EUROPA! - neu!**[25]

---

[25] Nr. 10 für Juni 2016 aus insgesamt 3.262 Gedichten/Wortschöpfungen ab März 2004 - Kreativkernzeit 14.06.16 ca. 18:45 – 19:10 Uhr -
© Heinz-Albert (Heinrich) Ellner – D56727 (Nutzung evtl. o. a. Verlinkungsangebote auf eigenes Risiko ohne Haftung).

Attentäterarschloch-Zeit II

Selbstmordattentäter: Gerne in Videoclips sich posthum als religiös motivierter Rächer darstellend. Lebend jedoch ein armer Mensch, durch die Gehirnwäsche verhasster krimineller Imame schwerst geistig beschränkt.

...

Was? Im Namen des Islam
Schwule morden? *Sich verpissen
Schnell in's Jenseits? Wie infam
Wär' der, dem schon sein Gewissen
Sagte: „Bin ja selbst `ne Schwuchtel!"
???

... Kurz gedacht, dies!!!... Musste lästern:
Fühlte sich wohl hingezogen
Mehr zu Brüdern, statt zu Schwestern?
Dann wär' DIE Handlung verlogen!*
...Das ahnte ich sofort, gestern...
Denn, wer's hasst, sei selbst affin.

...

Heute** lese ich, als Fakten,
Dass dieser Islamgestörte
Selbst suchte sich Kerls, die nackten,
Da, wo die gern auch verkehrten!
???Ihn dann plötzlich Skrupel packten,
Und der Ekel, ihn, ließ... morden?
???

So ist das zurzeit im Westen:
'S *Abendland* geht bald zum Teufel!
Alle wollen - nicht die Besten! -
Hin zu uns. Dann streuen Zweifel
Hass-Imame, um zu testen:
Wie weit geht, Demokratie???
???

Das ist das Rel'gionsfatale:
Dass solch' Hirne viel vermischen...
Nicht ihr Allah schaff' Randale:
FREIHEIT ist's Problem, inzwischen?
???Leben hier, doch die Schakale
Zwingen uns Unfreiheit auf???
???

Wie wir's drehen, wie wir's wenden:
Unser christliches Europa
Ist marod' und wird bald enden...
Der Next-Generation-Opa
Ist dann wohl in Allah's Händen?
???

**Will ich dann auf dieser Erden
Dann noch 120 werden???
In dem Rahmen also: Amen!
An Scheinchristen-Kritikaster:
‚Amen' lästerlich??? Dann: BASTA!**[26]

---

* https://de.wikipedia.org/wiki/Terroranschlag_in_Orlando
** http://www.stern.de/panorama/weltgeschehen/orlando--attentaeter-war-laut-ex-frau-und--mitschueler-selbst-schwul-6899140.html

---

[26] Nr. 15 für Juni 2016 aus insgesamt 3.267 Gedichten/Wortschöpfungen ab März 2004 - Kreativkernzeit 16.06.16 ca. 18:50 – 19:35 Uhr -
© Heinz-Albert (Heinrich) Ellner – D56727 (Nutzung evtl. o. a. Verlinkungsangebote auf eigenes Risiko ohne Haftung).

Attentäterarschloch-Zeit II
4. Attentat auf eine Abgeordnete in... Großbritannien?* Nein, das glaub ich nicht....

- Wahrscheinlich komme ich erst durch diese Untat* wieder zurück auf ... LOS? Hieße: Den falschen Weg des emotionalen „Realität nicht wahrhaben Wollens", zu erkennen???

Las es, eben schon getwittert:
Dass dies Attentat in Birstall*
Inselweit das Volk erschüttert!
„...Schlachte ich das falsche Schwein?**
???
Ich hau drauf auf Geistesschwache,
Die dem Islam heut entspringen;
Junge Männer, die der Sache
Dienen - meinen sie! – durch... Mord?**
...
Das da heute, auf der Insel,*
Bringt das abendländisch' Denken
Bei mir - hier verbohrtem - Pinsel
Glatt ins Wanken! Was ist los?
???
Der Tod dieser jungen Mutter
- Wieder so ein Einzeltäter! -
Ist mir leider Geistesfutter,
Auf den Kern zurückzukommen...
???
Muss mich schließlich da erweichen,
Dass des Attentäters Absicht,
Aufmerksamkeit zu erheischen,
Einzelcoup ist, zwar fatal.
...

Und da will – muss! – ich mich bessern,
Habe mich wohl bös verzettelt?
Mit Kalaschnikow, mit Messern
Tötet auch ein Atheist...

Trotzdem: Beim Vergleich zu bleiben,
Wie Herr Churchill es einst meinte:**
Falsch ist's nie, zu hintertreiben,
Wahnideen aller Art.

Die sind nicht rel'gionsabhängig,
Wie wir hier* auch wieder sehen.
Allmacht ist im Irrsinn gängig!
Einen Scanner gibt's noch nicht.
???

Niemand schaut in jene Köpfe,
Wo sich Angst und Hass aufschaukeln,
Bis die tumben Paniktröpfe:
- Allahs-? Jesus'-? Wem-auch-Nützer? =
???

Selbsternannte Pseudoschützer
Vor irrationalem Bösen -
SICH SELBST durch die Tat erlösen!
Ist zwar alles geisteskrank,
...
Menschlich! Doch: Auch... Gott sei Dank?
????[27]

---

* http://www.spiegel.de/politik/ausland/grossbritannien-mord-an-jo-cox-raetseln-ueber-das-motiv-a-1098075.html
** Im Übrigen: s. Gedichte unter „Attentäterarschloch-Zeit I und II"

---

[27] Nr. 16 für Juni 2016 aus insgesamt 3.268 Gedichten/Wortschöpfungen ab März 2004 - Kreativkernzeit 16.06.16 ca. 19:35 – 21:25 Uhr -
© Heinz-Albert (Heinrich) Ellner – D56727 (Nutzung evtl. o. a. Verlinkungsangebote auf eigenes Risiko ohne Haftung).

Attentäterarschloch-Zeit II
5. Abschlussgedicht feinherb, im Abgang vollmundig*

Überall nur noch Geschieße
Und Gebombe und Gesteche???
... Ein Staat, der das lang' zuließe,
Zahl' selbst bald des Aufruhrs Zeche.
...
Attentäter sind Versehrte:
Denen - meist die dumpfe Rache -
Krude das Gehirn umkehrte:
Morden für die gute Sache!
???
Trotzdem wär's ja glatt zum Kotzen,
Würden Opfer nicht dem, trotzen!?
~~~
Stach doch einst - eine Bekloppte -
Oskar ab, die man nicht stoppte...
Er lebt heut' noch, wunderbar....
...Schäuble auch, im Rollstuhl, zwar.
...
Auch Frau Reker überlebte,
Letzt, am Rhein, als Köln erbebte...
Hat dem Täter nichts genutzt:
‚S Wählervolk hat ihm getrutzt.
~~~
Einzelgänger sind gefährlich:
- Krank im Geist, draußen unehrlich.
- Alles dient dem eignen Sein!
- Neid und Hass führ'n Hand und Bein!
...

- Und bei vielen sind's die Ängste,
Die mental sie dann die längste
Zeit umtreiben. Doch auch Rache
Dreht im Kreis sich, unter'm Dache...
...

Unser Geist gebiert sich Mächte:
Hass, Neid, Wut, Angst, als das Schlechte...
Ist Gesellschaft stark, als solche,
Hält sie aus, paar kranke Strolche...
...

Denn die Tat nach den Gedanken,
Schafft es selten, dass die Kranken
- Ob allein, ob von den Rändern -
Auf die Art die Welt verändern:
...

Nur, wenn Irre sich verbünden,
Führen aus, des Geistes Sünden,
Geh'n Gesellschaft dann an's Leder,
Müsste es bald merken, jeder?

Ist das Eis mal voller Esel,
Springt ein Späterkenner-Schnösel
Viel zuuu spät dann von der Scholle:
Jetzt regier'n des Volkes Tolle...
!!!
Anders: Ahnt die Kollektive
Schon die Ebene, die schiefe,
Fühlt sich an der Wand, in Panik,
Fährt Angst mit, auf der Titanic.
???

Man wählt sich 'nen schrillen Leader,
Wie schon einmal, doch jetzt wieder:
„Führ' uns durch raues Gewässer...",
Weil: Ein FÜHRER weiß es besser!
...
Dann wird Käptn Arschloch steuern,
Bis man's krachen hört und... scheuern:
Denn, wer auf solch' HEILand starrt',
Half mit - bis zum Schluss genarrt -
???
Dass ZUM EISBERG ging, die Fahrt,
Direkt... zum... Final-...Abkühlen!
... Wer nicht hören will, muss fühlen.[28]

---

* Doch, wie immer: Vorher nicht bekannt, wo sich MEINE geistige Titanic hineinmanövriert, versuchend, Eisberge aber in der Worteleganz immer knapp zu umschiffen. War ja qua „Amt" bisher mehr ein „Tucholsky", aber kein „Böhmermann", dann schon eher „Spiegelvorhalter in eigener Sache, je nach dem, was mich bewegt, daraus dann „geniale" Schlussfolgerungen ziehend, in Reime gepresst." Oder?
Heute war's halt im Abgang dann eine „Hämische Satire auf deutsche Lemminge". Das musste sein.

---

[28] Nr. 17 für Juni 2016 aus insgesamt 3.269 Gedichten/Wortschöpfungen ab März 2004 - Kreativkernzeit 16.06.16 ca. 21:30 – 22:10 Uhr -
© Heinz-Albert (Heinrich) Ellner – D56727 (Nutzung evtl. o. a. Verlinkungsangebote auf eigenes Risiko ohne Haftung).

Apokalyptische Visionen

Die Welt sei schlecht? Sie wird noch schlechter!
Denn jeder lebt und macht sein Ding...
So ist auch manch' Moralverfechter
Dann doch im Hirn ein Finsterling.

...

Die Zeit ist schlimm? Sie wird noch schlimmer!
Das Böse ist ja überall!
Denn schlimmer kam es meistens, immer!
Und irgendwann kam dann der Knall...

...

Ich hatte unlängst Visionen:
- Laut Wehner müsst' ich da zum Doc?* -
Ich sah Atombomben sich klonen...
Rakete hoch: Ein Blitz, die Schock-

???

Welle hat sich noch nicht verbreitet,
Drückt Nr. 2 den roten Knopf...
Weltweit wird – wer SIE hat – verleitet,
Das Ding zu werfen, auf den Kopf

???

Dem ausgemachten Feind... Verzichtet
Hat niemand, der SIE schon mal hat.
So wurde UNSRE Welt vernichtet!
Nur das Gewürm fraß sich jetzt satt...

???

Satt an Milliarden von Kadavern
Von Mensch und Tier. Mutierte bald
Zu Riesenviechern, die palavern
Im neuen Fallout-Regenwald...

...

Weltweit hielt sich - wie in der Bibel** -
Ein Paar nur, das zusammenfand;
Gebar dann Kinder... Jetzt das Übel:
Sag, wie ein Enkel hier entstand?

???

...Denn auch für neue ERSTE Wesen,
Gab's niemandem im „andern Land!"
Inzucht mit Nachzucht wär's gewesen...?
...Diese Vision nun schnell verschwand...
???
Wer nachdenkt, kriegt der - jetzt - Verstand?
???
~~~
**

Abspann:
Religion ist nicht endemisch,
Früh abzurichten doch, systemisch!
Je mehr man kriegt an jungen Seelen,
Kann man im Sinn der Sache quälen!
!!!
Kam auch durch Taufe in die Kreise!
Zweifelte früh, auf stille Weise.
Lass' heute labern tumbe Tröpfe
Von Gott & Co., als alte Zöpfe.
...
...Schon seit zig Jahren ist's erledigt.
Im Hirn kein Pfarrer mir noch predigt:
Denn Glaube heißt ja auch: „nicht wissen"!
Und: Auf **„Behauptung"** sei... geschissen!
...
**Erinnerung ist längst verblasst, da!
Den Platz brauch ich fürs DENKEN! Basta.**[29]

---

* Herbert Wehner angeblich zu Brandt: „Wer Visionen hat, sollte zum Arzt gehen". Genaueres s. WIKIPEDIA u. a.

---

[29] Nr. 16 für Mai 2016 aus insgesamt 3.247 Gedichten/Wortschöpfungen ab März 2004; Kreativkernzeit 27.05.16 ca. 00:20 – 02:10 Uhr -
© Heinz-Albert (Heinrich) Ellner – D56727 - Nutzung evtl. o. a. Verlinkungsangebote auf eigenes Risiko ohne Haftung.

Alles ist für Alles gut...
- Scheiße, ich dachte, ich hätte ALLES schon verarbeitet? -
Wieder ein LYROGRAMM*

Die Carmen hatte eingeladen,
Denn sie ist – künstlerisch - ein Ass.
Wenn man auch – draußen - konnte baden,
War's trocken, in der CARITAS...
...

In Andernach am schönen Rheine,
Da stand man in illustrer Rund'...
Es folgten zwei, drei Reden – kleine -
Aus amtlichem und Carmens Mund...
...

Ach, Carmen Rakemann, die Stille.
Ich weiß: Sie malt den ganzen Tag!
So sei es auch des Urknalls Wille,
Dass sie bekannt wird, ohne Frag'.
...

Während die Gattin Bilder schaute
- Sich int'ressierte, Bild für Bild -
Vernahm ich angeregte Laute:
Der Presse Neugier ward gestillt...
...

Den Herrn sah ich mal kurz, in Mayen,
Da häng ICH in der CARITAS!
Zwei Bildchen sollen dort erfreuen
Besuch und Personal: Viel Spaß!

...

Als fertig war, der Herr der Presse,
Schlich - unauffällig – ich heran.
Durch Blickkontakt war schon Int'resse.
Zwei Künstler zogen sich da an...
...
Und, gegenseitig ohne Zaudern
- Gelegenheit gab's „...auf ein Wort!..." -
Kamen wir beide flott ins Plaudern,
Dichter verstanden sich, sofort...
...
So kenne ich jetzt den Herrn Müller
Und war verblüfft vom Intellekt!
Herr Müller ist vom Typ ein... Stiller!
Da ahnt man nicht, was in ihm steckt...
...
Wenn ich da seh' Heinrich, den Dichter,
Der meint, dass er der Größte sei,
Ist mein Gemüt schon etwas schlichter,
Und – Eitelkeit! - ist auch dabei...
...
Doch spür ich: Ich bin auf dem Wege;
Weiß immer mehr, dass ich nichts weiß!
- Verliert der Weise dann das Schräge???
- Ist *die Persönlichkeit* der... Preis???
???
... Das geht mir plötzlich durch den Schädel!
Was hab' ich nicht schon nachgedacht,
Ab Suffaufgabe, 90! Edel
Wollte ich werden? Na, gut Nacht!
!!!

Bis heute such' ich Rilkes Worte!
Schaff' nur das Grobe, schön gereimt,
Erdacht vom Kind** aus kleinem Orte,
Das ein's nur weiß: Dass es nicht schleimt...
...
Vielleicht muss ich noch länger warten?
Oder vergeblich, weil mich nie
Die Muse küsst und mich von harten
Worten wegbringt, zur Empathie???
???
??? Da sagt man, dass ich die doch hätte!
Ich schriebe stets authentisch, pur!
Was Rilke schrieb, sei eine Kette
Von Schmachten, auf der Sehn-Sucht Spur!
???
Zwar konnte der auch Edles schreiben,
Die Gattin ist ja angetan
Von seinem Panther, doch mein Treiben,
Wär's mal bekannt, käm' ja fast ran.
...
Ich muss mich also drein ergeben?
Das fällt mir aber gar nicht schwer:
Mit neuem Hüllen-TÜV, da schweben
Ideen nur so vor mir her...
...
Was mich berührt, das wird ver-dichtet!
So schreib' ich weiter, Reim um Reim,
Bis dass, mein Hirn, darauf verzichtet,
Weil's hat, den scheiß Vergessens-Keim???
???

„Doch eher wird die Hülle ranzig"
- Ist auch ein Credo als mein Lasta! -
„Dass ich blöd werd', vor... 120!"
Sarkasmus hilft und damit... basta![30]

---

* LYROGRAMM, meine neue Wortschöpfung aus LYRik und psychOGRAMM;

**„Das innere Kind", (s. WIKIPEDIA u.a.) als meine bevorzugtes „Helferlein für Seelendinge". ICH habe ja „mein inneres Kind" schon lange gefunden.

---

[30] Nr. 20 für Mai 2016 aus insgesamt 3.251 Gedichten/Wortschöpfungen ab März 2004; Kreativkernzeit 30.05.16 ca. 17:50 – 19:30 Uhr -
© Heinz-Albert (Heinrich) Ellner – D56727 (Nutzung evtl. o. a. Verlinkungsangebote auf eigenes Risiko ohne Haftung).

Lernen
Lernen, so lange es Zeit ist... *

Angebot an meine Fans und die es werden wollen, mich bei der Verbreitung meiner Gedichte zu unterstützen...

Bin kein EINSER-Kandidat!
War es nie gewesen!
Was das Hirn gespeichert hat,
Hat's sich angelesen.

...

Such' man bei mir Intellekt?
Suche man vergebens.
Alles was da in mir steckt,
Ist Licht ersten Lebens...

...

Intellekt, was soll das sein?
Scharfsinn ist kein Thema.
Ich, als Bankert Heinz, vom Rhein,
Hab heut noch kein Schema...

...

Weiß ja nicht, ob's Künstler-Gen,
Ist, von Mutter, Vater.
Mama war zwar geistes-schön?
Ist Lyrik ist vom Kater?

...

Diese frühe Kinderzeit,
Bildchen schaun'n, und lesen,
Setzte fest, sich, tief und breit,
In dem kleinen Wesen...

...

Heut' zehr ich vom 1. Sein,
Weiß um dieses Wissen...
Fraß die Bücher in mich rein,
Gerne, nicht beflissen...

...

Lag dann auf dem Boden rum,
Dachte, Bücher-Bilder,
In der Phantasie mir um:
Größer, schöner, wilder.
...

Lag im Bett und schlief nicht ein,
Sah ich ihn am Himmel,
Meinen Mann im Mond... So klein,
War das schon ein Fimmel.
...

Ab da, wo's nach draußen ging,
Wurde es dann rauer.
Lebensmäßig kaum mein Ding...
Leider war's auf Dauer...
...

Ist zwar alles weit entfernt,
Sinnvoll, doch, gewesen:
In der Schule angelernt,
Rechnen, Schreiben, Lesen.
...

Nur gebraucht, qua heut geseh'n:
Um zu überleben...
Klar, die Rente ist jetzt schön,
Hat sich so ergeben...
...

Was ich sagen will, ist dies':
Frühes Müssen, Sollen,
Machte mir das Leben mies,
Ich hab "spinnen" wollen.
...

Gut, ich bin heut, der ich bin...
Hab' wohl doch, daneben,
Viel gelernt und das im Sinn,
Was ich jetzt brauch', eben...
...

Nur ein's hab ich nie gelernt:
Reichtum anzuhäufen...
Bin jetzt leider weit entfernt
- Nach den „Einst"-Verläufen -

???
Viel noch zu erwarten?
...Leg ich mir... die... Karten...
Heißt hier: Ganz schnell, im Tarot
Tageskarte ziehen!... OHHH!...
???
„KELCHE V"? Wie passend!
Oben, Wasser lassend:
Tränen tiefen Glückes,
Dass ich des Geschickes
???
Weisheit weiter zwar vertraue,
Eignes Tun doch jetzt ausbaue.
Denn da drückt was auf die Tube,
In mir: Aus der warmen Stube
???
Selbstverliebter Reimgedanken
Rauszugeh'n und weitre Schranken
Endlich wegzudrücken.
Erst dann kann das glücken,
???
Nach dem „Stirb und werde":*
- Frische Geistes-Pferde
- Vor geheilter „Kutsche"
Schützen vor „Gerutsche"
???
Auf den glatten Straßen,
Wo Gewitzte rasen,
Schnappen nach dem Geld,
Was man mir hinhält:
...
Denen werd' ich's zeigen...
Kampf, wird jetzt mein eigen:
Treib' an, MEINE Rappen,
Dann kann ich es schnappen:
...

Geld für MEINE Ziele.
Da gibt es noch viele...
Das wird Sie verdutzen:
Meist zu Andern Nutzen.

...
Euer
Henry Stutzen[31]

* Zufalls-Tageskarte bereits am 10.05.16: Kernsatz bzw. – Aussage: Altes begraben/verbrennen, damit Neues entstehen kann... Offenbar ein rasanter Prozess, so dicht hintereinander dieselbe Karte gezogen im Zufallsprinzip?: „(M)EIN innerer Phönix"hat zurzeit offenbar genug zu tun? Gut, so.

---

[31] Nr. 25 für Juni 2016 aus insgesamt 3.277 Gedichten/Wortschöpfungen ab März 2004 - Kreativkernzeit 28.06.16 ca. 06:50 – 08:30 Uhr -
© Heinz-Albert (Heinrich) Ellner – D56727 (Nutzung evtl. o. a. Verlinkungsangebote auf eigenes Risiko ohne Haftung).

08.07.16 - Zwei Uhr und schnell zum Computer. Gestartet 02:05 Uhr

Plötzlich wach, hab ich verstanden:
Vieles, was zum Rollenspielen
In mir war, ließ ich versanden
In Gedichten, in den vielen
Reimen meiner Lyrogramme,
Oder in „normalen" Strophen:
Das, was aus der Kindheit stamme,
Machte mich zum Kind, dem doofen,
Das Erwachsenen gehorchte,
Angepasst und krummgebogen,
Das jedoch nebenher forschte
Nach dem, was war, un-ge-zogen!

!!!

Ich war wach und muss dies' schreiben,
Schnell, damit diese Gedanken
- Die mich dazu jetzt antreiben -
Nicht werden, zu seelisch kranken!
Denn ich spüre plötzlich Tränen,
Die ich so nicht gleich erwarte!
???Weiß ja nicht, was mich da wähnen
Lässt, alles auf eine Karte,
Jetzt, zu setzen, als der Phönix,
Der nun, neben seiner Rente,
Finanziell hat just mehr, eh nix?*
„Autokauf"* der Start sein könnte?
???

Jetzt, mit **„quasi Null, am Boden"***,
Kann's doch nur noch aufwärts gehen,
Ohne Rollenspiel und Moden?
Doch meine mentalen Wehen:
„ENDLICH nach Reichtum zu streben!"
Wären „Gier" und „mein Kind"** müsste
ALLES ja wieder abgeben,
Weil's **„Mama im Geist"** versüßte
Als die Liebe zu den Nächsten!
Scheiß: Mir, so, die „Eben-Tränen"
Zeigten, dass mich noch die schrägsten
Grillen steuern, durch solch' **Wähnen?**
???
Grade hab' ich, in Gedanken,
- Meiner ach so guten Mutter! -
Glatt die Faust gerammt, der Kranken
In das Maul, als Rachenfutter!
Denn für's Spenden den Schein-Ärmsten
- Als mein „Samariter spielen"
Gab's im Geist einst Lob, vom wärmsten???
Das muss aber schnell abkühlen!
Nächstenliebe? Dies' verminte
Scheißfeld ist's, woran ich denke?
ICH gab was, was ICH verdiente,
Anonym? Dass man mich henke!

..

Dieses Feld der Mutter-Minen
Ist noch nicht ganz durchackert?
Ja! Beknacktes Liebedienen
- Als ein Huhn, das aus mir gackert -
Hab' ich mir bis heut' erhalten!
Deshalb kann das auch nichts werden,
Mit dem Reichtum, wenn dem alten
Scheißgehirn nicht mehr auf Erden
Klar wird, dass jetzt **Bargeld lachen**
Muss, für meine eignen Ziele,
Und ich auch mit Sammler-Sachen
Als Geld-Werte, nicht mehr spiele?
???
Was ich dann daraus erlöse,
Das erhält „Heinrich, der Böse"!
!!!"Der gibt nichts mehr, wie die milde
- Doofe! - Geistes-Mutter Hilde
Ab, an die, die uns verarschen",
Sag' ich mal im Ton, dem barschen.
Denn, war *Hilde* **selbst in Nöten,**
Gingen die Schmarotzer flöten!
Also sagt mein Hirnkonverter:
Dummheit fort, ab jetzt wird's härter!
???Lang gebraucht für diesen Scheiß:
ALLES hat ja seinen Preis!
???

Ausklang:
- Und... Ererbtes, statt Verdientes,
War im Kopf auch was Vermintes!
- Dann: Der Rente stetes Fließen
Ließ mich gleich viel Geld vergießen...
- Auch die Mine muss ich räumen:
Mach ich Schluss, endlich, mit Träumen.
Passt mir wieder gut ins Rasta:
DAS WIRD MEIN GELD, JETZT! *Und basta!*[32]

---

* Finanziell kommt zwar monatlich Rente rein, aber groß angespart habe ich nichts mehr.
** „Das innere Kind" s. WIKIPEDIA u. a.

---

[32] Nr. 08 für Juli 2016 aus insgesamt 3.287 Gedichten/Wortschöpfungen ab März 2004 - Kreativkernzeit 08.07.16 ca. 02:05 – 04:55 Uhr –
© Heinz-Albert (Heinrich) Ellner – D56727 (Nutzung evtl. o. a. Verlinkungsangebote auf eigenes Risiko ohne Haftung).

Herstellung und Verlag:
BoD - Books on Demand, Norderstedt
ISBN 978-3-7431-3908-4